大展好書　好書大展

品嘗好書　冠群可期

大展好書　好書大展
品嘗好書　冠群可期

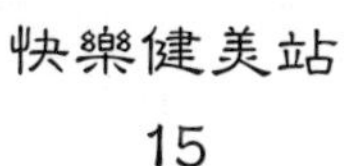

快樂健美站

15

健身跑

——激發身體的潛能

董二為
有吉正博 著

大展出版社有限公司

前言

如果您既想健身、又想省錢，就去跑步吧！

如果您想進行一項危險性小、功效快的體育鍛鍊，就去跑步吧！

如果您想找到一種不受年齡限制、老少咸宜、簡單易行的健身方式，就去跑步吧！

如果您想尋找一種最佳降低人體脂肪量的方法，就去跑步吧！

如果您想喚醒身體的潛能，看看自己的身體究竟有多棒，就去跑步吧！

……

跑步是世界公認的**最經濟**、**最安全**、**最自由**的健身方式，並且對人類多種常見疾病有預防和輔療的作用。就連生活條件優越的美國總統小布希也非常鍾愛這項簡單的運動，他每週都要堅持跑至少五次，有時六次，他說：「在我感到壓力巨大的時候，跑步對我的益處就更為明顯，它能幫我消除雜念。」即使外出訪問，他也會在「空軍一號」上安放一台跑步機，進行不間斷的鍛鍊。

跑被認為是人與生俱來的本能，所以，人們往往忽視其科學的鍛鍊方法，要知道，不正確的跑步會危及人的生命。

也許，您已經選擇跑步作為健身方式多年了，但是，不正確的跑步姿勢可能已經讓您的關節或其他器官受損了，還是及時糾正一下吧。讀讀這本書，您會懂得如何科學地跑，達到事半功倍的健身效果。

也許，您正準備開始跑步鍛鍊，那先別著急馬上跑，看完了本書，會讓您鍛鍊時少走彎路，少一分危險，多一分保險。

什麼時間跑最有效？

跑多少合適？

如何正確呼吸？

怎樣制定合理的鍛鍊計劃？

運動鍛鍊中遇到意外傷害怎麼處理？

……

這些常見問題都可以在本書中找到答案。本書的作者可都是專業知識豐富的長跑專家呦，他們的建議和指導會讓您受益終身的。

目錄

技術篇

應用篇

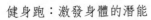

解惑篇

附 錄

常識篇

跑步健身法是發達國家體育鍛鍊的常青樹

健身法有許多種類。像中國的氣功、太極拳，印度的瑜伽術，源於西方的健美操等，這些健身法都有其獨特的一面。但如果從參加人數、比賽的次數、比賽規模、影響程度來講，還是跑步健身法在西方社會起著舉足輕重的作用。

跑步健身法對心血管系統疾病、肥胖、更年期綜合症、糖尿病的預防與治療以及其他疾病都有一定的功效。汽車使人們的活動範圍更大。但是，人類文明的進步帶來的生活便利的反作用是：運動不足困擾著人類。全世界四大成人疾病：高血壓、心臟病、糖尿病、腦梗塞已成為人類健康的大敵。

根據美國國家健康中心一九九九年的調查：心臟病、糖尿病、腦血管疾病、惡性腫瘤、慢性呼吸系統疾病成為美國人的主要死亡原因。日本厚生省一九九四年的調查顯示：每年到醫院接受治療和診斷的高血壓患者為六百四十萬人，心臟病一百六十一萬人，糖尿病一百五十七萬人，腦梗塞一百四十二萬人。當然，這些疾病的蔓延，與環境的惡化、飲食習慣的改變也有關係，但是，可以說運動不足是造成這

些疾病的最大因素。

在中國，隨著城鄉居民生活水準的提高，人們越來越會享樂。但伴隨著城市化進程的加速，運動不足、體能下降等問題，已經成為人們不可忽視的問題。其主要特徵體現為以車代步，運動時間減少，心血管疾病、糖尿病的增加，肥胖者增多等。

西方社會較早地進入工業化時代，早在六〇年代美國前總統甘迺迪就提出了運動不足將危及國家強盛的理論。他在一九六二年十二月發表的題為「軟弱的美國人（Soft American）」一文中提出了「文明化→體能下降→亡國論」的論說。

他在文章中指出：美國人隨著機械化、文明化的進程，體能也會下降，這會導致對國家的危害。他還引用了Hans Kraus博士、Sonja Weber博士的長達十五年的研究來說明，當時美國的青少年儘管生活在優裕的環境下，但是，各項體能指數均明顯低於歐洲的青少年。

從一開始總統生涯，他就倡導並成立了青少年體能總統審議會，來制定有關青少年體能政策。同時，該審議會還出版了月刊《運動與體能的研究》。該雜誌在一九九六年七月號上提出了解決運動不足、做一個健康人的運動指標：每天應消耗一

百五十千卡的熱量，即慢游泳二十分鐘，或以每分鐘一百一十公尺速度慢跑三十分鐘。

跑步是最經濟、最安全、最自由的健身方式

為了防止運動不足，在西方社會隨之出現了健身俱樂部。在西方發達國家，游泳池的普及（在美國、日本，幾乎每個小學、中學、高中及大學都有游泳池）以及其他體育運動項目的普及，都在很大程度上給人們提供了良好的運動機會和空間。

但是，這些運動方式，各有其不足的方面。比如健身俱樂部，雖然提供了很多健身器材，有的健身俱樂部還設置專人指導鍛鍊，但健身俱樂部往往是收費的，在經濟方面制約著許多熱衷於鍛鍊的人。而且健身俱樂部的地點，不一定能滿足所有人的需要。有些健身俱樂部離家很遠，交通不方便，路上花費過多的時間。值得關注的是，如果在健身俱樂部鍛鍊的人過多，再加上健身俱樂部的通風設施不好，很容易造成健身俱樂部內部空氣不流通，會對人的呼吸系統造成不良影響。

進行游泳鍛鍊的時候，如果人太多，也會極大地影響鍛鍊的效果。同時，游泳

池的池水衛生管理不當的話，會對人的身體有很大的危害。

其他體育運動，比如打籃球、踢足球等，這些體育運動不但需要場地，而且屬於衝撞性運動，很容易造成運動創傷，影響工作和學習。

所以，在西方社會，人們早就意識到，需要找到一種危險性小、銷費少、功效快的體育運動。

經過不斷地探索和科學論證，人們發現跑步鍛鍊具有銷費少，不受場地和時間的侷限，基本上，在任何地方隨時都可以進行鍛鍊並且功效神速的特點。由於跑步鍛鍊是個人運動，不是衝撞性的運動，所以，最大程度地減少了損傷。另外，在戶外進行跑步鍛鍊，使人有回歸大自然的感覺。一邊跑，一邊呼吸著新鮮空氣，由出汗，消除了一天的疲勞，使人有一種心曠神怡的感覺。經過實踐，跑步鍛鍊在西方社會被廣泛接受，被認為是最經濟、最安全、最自由的體育運動。

跑步愛好者長壽的秘訣

跑步愛好者會長壽嗎?答案是絕對肯定的。究竟什麼原因會使跑步愛好者長

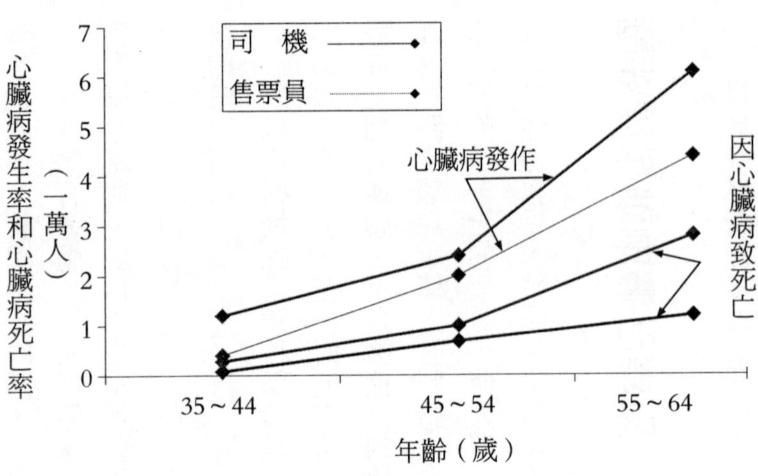

圖1　運動不足與心臟病的關係（摩里斯）

壽？西方科學家不懈的努力去揭開這個謎。

根據英國醫生摩里斯對倫敦雙層公共汽車司機和售票員（售票員是巡迴售票的）的調查，司機心臟病的發病率要比售票員高出很多（如圖1）。

在摩里斯的研究基礎上，加拿大學者謝博特作出更詳細的研究。由謝博特的研究，我們不難看出，體力勞動少的職業者的心臟病發病率，要比以體力勞動為主的職業者的心臟病的發病率高出百分之三十。而完全不運動的職業者的心臟病發病率竟是體力勞動為主的職業者的六倍（圖2）。

在男女性別上有無差異方面，西方科學家也作了明確的回答。契爾福（Chave）對英國一萬七千九百四十四名年齡四十～六十

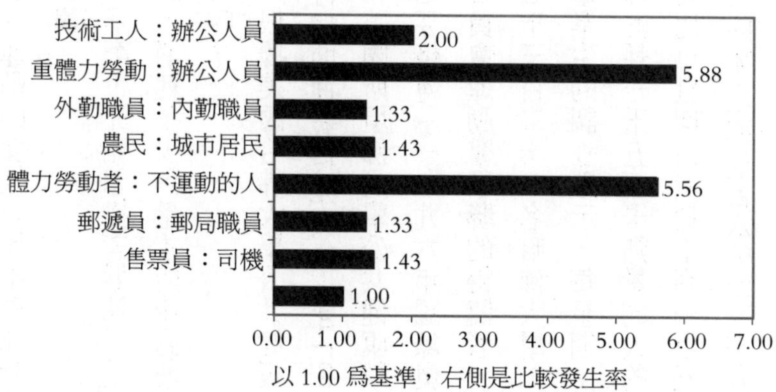

圖 2　不同職業者心臟病的發病率的比較（謝博特）

五歲的公務員，進行了長期的跟蹤調查。研究證明：不喜歡運動的男性公務員的死亡率為百分之八·四。而喜歡運動的男性公務員的死亡率僅為百分之四·二（見表1）。

奧古瑪（Oguma）研究小組在二〇〇二年六月的《英國運動醫學雜誌》上發表文章指出，透過對三十八個在美國和歐洲作的有關運動的研究結果顯示：喜

表 1　運動與非運動對英國公務員的死亡率的影響（Chcave et al., 1978; Morris et al., 1980）

身體運動	死亡數量	人數	每百人死亡率
非積極地運動	235	2814	8.4
積極地運動	33	777	4.2

愛體育運動的女性要比不愛運動的女性長壽。

那麼，究竟怎樣去鍛鍊，或換句話講，消耗多少熱量才能達到理想的效果呢？

根據美國哈佛大學公共健康學院流行病助理教授李（I—Nin Lee）博士和美國斯坦佛大學公共健康學院教授帕芬格博（一九九六年國際奧林匹克委員會運動醫學獎的得獎者）對一萬七千三百二十一名哈佛大學二十六屆畢業生的調查顯示，每星期由跑步鍛鍊消耗一千五百卡熱量的人的死亡率要比每星期只消耗不到一百五十卡的人的死亡率低百分之二十五。但

表 2 每天所需的運動量的標準（波多野義郎，1997）

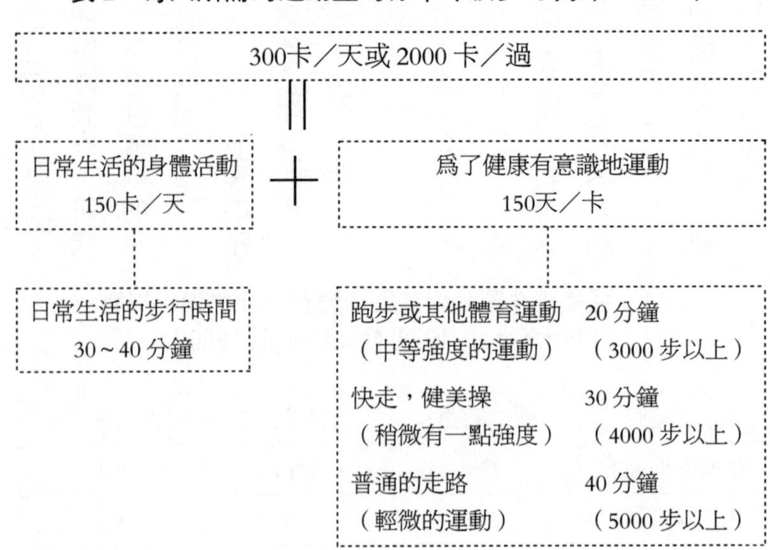

是，考慮到歐美人和亞洲人在人種方面的差異，日本學者波多野義郎作出了適合亞洲人的運動量的標準指數（表2）。

以上的科學研究足以表明，只要進行科學的鍛鍊，就會使人更健康、更長壽。

愛上跑步很容易

有很多想跑步鍛鍊的人，但多少有些顧慮。首先，大多數人認為，跑步鍛鍊是個好的健身運動。但是，無法堅持下來。跑一會兒就會氣喘吁吁，不到十分鐘就會停下來。其實，除了缺乏鍛鍊以外，更重要的是練習方法不當。這也是我們寫這本書的主要原因：讓更多的人愛上跑步鍛鍊。剛開始跑步的時候，如果掌握了LSD的方法（見一八七頁），就會循序漸進，跑步的持續時間從五分鐘、十分鐘，延長到二十分、三十分，甚至到六十分鐘。

有很多朋友還會有害羞的感覺，尤其是女性。也許會擔心別人笑話自己跑得太慢，身體太胖，腿太粗，腰不夠細……這些擔心都是沒有必要的。因為鍛鍊的目的就是健身，使身體更健美。有一個健美的身體是自己的財富，沒有必要在乎別人怎

樣想。如果腦海中有「從跑中受益無窮」的想法，就會自然而然地愛上跑步。

當你真正愛上跑步鍛鍊，甚至參加業餘跑步比賽，並完成每一次比賽的時候，你會發現什麼事情對於你都不是困難的事情，因為你能克服跑步鍛鍊中的各種困難。當你到郊外一邊跑，一邊享受著大自然的美景的時候，你會覺得你享受到無盡的樂趣。不信，就試一下。

跑步究竟能改變你什麼

跑步究竟會改變你什麼呢？首先，經常跑步鍛鍊的人會逐漸意識到自己的眼睛比參加跑步以前更有神，表情也變得明朗許多；其次是走起路來變得很輕快，爬樓梯的時候，呼吸也會很平衡；另外，早上睡懶覺的習慣沒有了，每天都有精力旺盛的感覺。

最重要的是，你會在不知不覺中增強了體能，對一些現代常見病有了一定的抵抗力，從而減少或減輕了病患的機率。

◎增强呼吸系統的機能

經常參加跑步鍛鍊的人的心臟不易產生疲勞，身體反而會更有效地攝取氧氣。這是因為經常參加跑步鍛鍊的人的有氧代謝能力（最大吸氧量），要比同年齡的不參加跑步鍛鍊的人高百分之二十～百分之四十。比如二十五歲男性的平均最大吸氧量為45 ml／kg體重。如果不參加運動，每年就會大約降低百分之一的最大吸氧量。這樣到了三十五歲，就會減少百分之十的最大吸氧量。

所以，單純從理論上計算的話，經常參加跑步鍛鍊的人要比不經常參加跑步鍛鍊的人的有氧能力年輕二十～四十年。圖3是日本男性進行不同運動強度鍛鍊的最大吸氧量的比較。我們可以很明顯地看出，普通人組和運動組的最大吸氧量有著很大的差別。

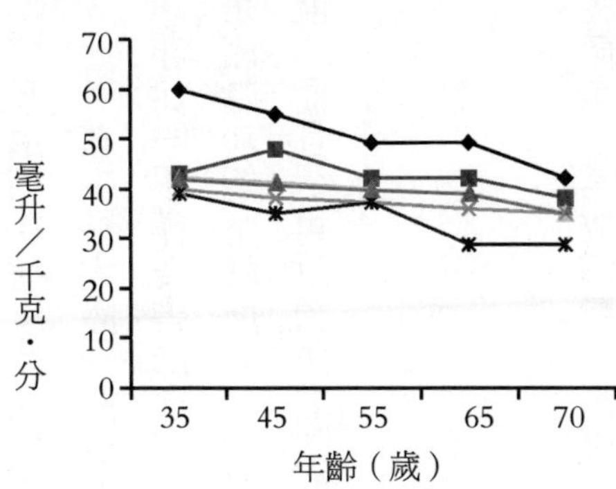

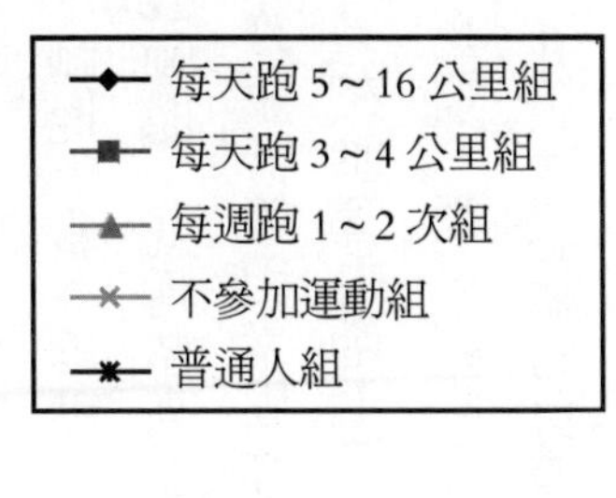

圖3　日本男性的最大吸氧量（小林寬道，1982）

呼吸系統的機能一旦增強，就會有很強的能力抵禦呼吸道的疾病，諸如感冒以及肺炎等疾病的侵襲。二〇〇三年，「非典（ＳＡＲＳ）」在中國大陸的肆虐，激發了全民健身和增加抵抗力的體育鍛鍊的主動意識。「非典」不僅侵害肺部，而且還會引起其他器官的病變。其他器官病變的原因，就是因為功能下降所致。所以，在平時多參加跑步鍛鍊，不僅可以增強呼吸系統的功能，而且還可以預防其他的疾病。

◎控制血壓和防治動脈硬化

根據世界衛生組織（ＷＨＯ）的標準，人的血壓應該是正常收縮壓（高壓）小於或等於一四〇mmHg，舒張壓（低壓）小於或等於九十mmHg。當收縮壓（高壓）大於或等於一六〇mmHg，舒張壓（低壓）大於或等於九五mmHg，就稱為高血壓。

高血壓與遺傳、精神壓力、鹽分的過量攝取、過度疲勞等因素固然有直接關係，但根本原因是血管內的脂肪堆積，血液流通受阻，在血管內產生了多餘的壓力，就會引起高血壓。如果得上了高血壓，就應該禁止煙、酒、咖啡等刺激性食物。尤其是香煙內的尼古丁會使血管收縮，引起血壓上升，使心臟的負擔增加。

提起血壓，很自然地便會聯想起動脈硬化。簡單地講，動脈硬化就是血管內側脂肪堆積，引起血管的彈性降低，收縮壓和舒張壓的差值變小。由於人們的生活水準提高，食物的選擇範圍增大。人類攝取動物性脂肪，諸如雞肉、豬肉、牛肉、鴨肉等肉類食品的機會增加，再加之多吃零食、少運動的習慣，就會很容易地造成血管的脂肪堆積。

現在的家庭，轎車普及，頻繁利用捷運和公共汽車作為交通工具，使步行的機會大大減少。人透過運動消耗身體內能量的機會也會隨之減少。結果就會造成人體使用的能量遠遠地低於攝取的能量，多餘的脂肪會很容易在血管壁上堆積，血管的硬度增加，就容易造成動脈硬化。

防治動脈硬化的有效方法，就是應該利用有氧運動（比如長跑鍛鍊），促進脂肪代謝，減少血管硬化，清除血管內的脂肪。在跑的過程中由於體溫增加，血管會變粗，血流自然就會暢通起來。

◎防治腦中風

腦中風就是指脂肪在腦血管內堆積，血液的流通惡化，引起腦血管循環障礙。

目前，由於腦梗塞和腦出血引起的死亡，已經僅次於癌症、心臟病，成為威脅人類的第三大疾病。

預防腦梗塞和腦出血，首先應抑制鹽分的攝取，防止高血壓發生，抑制血管收縮，使血液流通順暢。慢跑不但不會使血壓上升，反而會使血壓下降，對防治腦出血起著良好的作用。透過慢跑，加速血管內的脂肪代謝，減少膽固醇，增加毛細血管的活性，並且使血管的彈性增加，這樣血流就會暢通，血管就不會輕易破裂。

◎對糖尿病有輔療和預防的作用

糖尿病是由於人體內的胰島素分泌減少，攝取的碳水化合物轉化成糖分在血液中大量殘存引起高血糖。得了糖尿病以後，一般不會馬上危及生命。但是，如果患者不注意控制自身的血糖，就會造成諸如心臟病、眼疾、足部壞死等合併症。給患者帶來極大的痛苦。

糖尿病雖然可以用藥物來控制，但更重要的是採用運動療法來控制。糖尿病的產生與遺傳有關係，但是，其主要原因還是因為過量攝取食物、運動不足所致。

正常人空腹血糖正常值為七十～一〇九mg／dl。人在進食以後，碳水化合物融

入血液當中，就會引起血糖上升，但一般最高也不會超過二〇〇mg／dl。一部分血糖用來支持大腦和肌肉的活動，剩餘的部分以血中脂肪的形式在體內儲藏起來。

跑步鍛鍊會首先消耗身體內的糖分，減少血中的糖分，使身體保持良好的血脂代謝，會大大降低糖尿病的發生機率。人體由體育鍛鍊，可以使胰島素分泌增加，血糖值也會相應下降。同時，如果輔以適當的肌肉鍛鍊，更可有效地促使胰島素的分泌，對糖尿病的治療有著極大的促進作用。

◎有效緩解更年期綜合徵

女性在四十五～五十歲之間，月經會逐漸停止，內分泌腺的功能低下，自律神經發生障礙，就會引起更年期綜合徵。雖然更年期症狀有很大的個人差異，但主要表現在心跳加快、頭痛、高血壓、精神不安等症狀。

由於跑步鍛鍊對大腦有刺激作用，並且會促進荷爾蒙產生，所以，如果在月經停止以前進行跑步鍛鍊，就可以有效地緩解更年期綜合徵。此外，跑步作為一種休閑活動，不僅可調整荷爾蒙的分泌，而且還可緩解人們平時工作和生活上的壓力，使女性保持一個良好的精神面貌。

◎預防骨質疏鬆症

骨質疏鬆症隨著老齡化的發展，有增加的趨勢。主要表現在骨結構變得稀疏，骨的重量減輕，骨的脆性加強，骨頭很容易折斷。尤其是女性在絕經以後，由於受荷爾蒙的影響，更容易患上骨質疏鬆症。骨質疏鬆症的發病因素中，諸如年齡、遺傳、種族等因素是無法控制的，但是，有些因素是可以控制的。長跑鍛鍊便是一個有效控制骨質疏鬆症的方法。

也許很多人已經知道骨質疏鬆症要增加骨密度，首先就要補鈣，但是，僅僅補充鈣是不夠的。人體單純補鈣，不和太陽光紫外線接觸，不進行體育鍛鍊的話，身體內的鈣

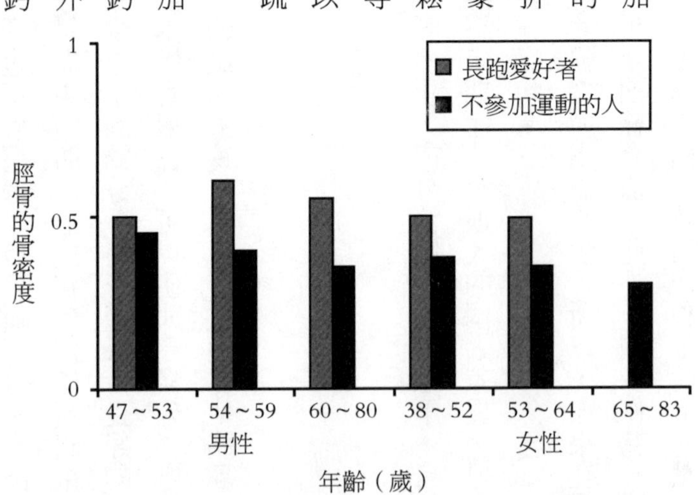

圖 4　長跑愛好者和同年齡組的骨密度的比較（尾原洋子，1994）

是很難轉化成骨質的。所以，應該堅持進行戶外運動，積極地促使身體和大自然接觸，增強肌肉的收縮與舒張，促使攝取的鈣質在體內迅速有效地轉化成骨質。

圖4是長跑愛好者和同年齡組的骨密度的比較。由圖可以看出長跑愛好者和不參加運動的人的骨密度有著明顯的差異。

◎預防老年性痴呆症

老年性痴呆症是老年人的常見病和多發病。主要是因為腦細胞減少和腦組織萎縮所致。老年性痴呆症是一種慢性、全面性的精神功能紊亂的疾病，以緩慢出現智能減退為主，並包括記憶、思維、理解等能力的減退。透由跑步鍛鍊，合理地應用大腿四頭肌，對大腦進行刺激，由血液的快速流動，不斷地向大腦供應氧氣和營養素，延緩腦組織的萎縮，就會有效地防治老年性痴呆症的發生。

◎減肥和控制體重

肥胖症困擾著很多的人。儘管肥胖與遺傳、種族、年齡等因素有關係，但是，引起肥胖的主要原因還是運動不足和營養過剩。現在有許多雜誌和電視節目在傳授

減肥的方法，除了一些減肥的藥物以外，便是各種減肥器材。而且這些電視節目的焦點都集中於如果用了某某儀器，就會保證減肥。如果大家細心地留意一下，便不難發現，所有的廣告和電視節目的共同點是要求持續地使用這些儀器。為什麼會強調持續使用呢？其原因很簡單：控制體重，換句話說，就是要控制脂肪在體內堆積。減肥並不是一天兩天就能見效的，必須要持之以恆才能達到效果。

也就是說，透過跑步鍛鍊，每次運動所消耗的能量大於所攝取的能量的話，是完全可以控制體重的。

比如，要想消耗三千卡的熱量，就應該持續跑五～六公里。有吉正博在一九九五年指導七名婦女進行減肥。這七名婦女經過六個月的跑步鍛鍊，減肥計劃全部成功（詳見附錄）。

◎強健腿部和腰部

堅持跑步鍛鍊的人，腿部和腰部會逐漸變得結實有力。這是因為跑步的過程有連續的跳躍過程，身體有短暫的騰空動作，在身體落地的時候，大腿和腰部承受著大於體重二～三倍的重量，之後大腿再接著用力，使身體再次騰空。這樣反覆的運動，不僅對大腿，而且對背部肌肉、腰部、腹部的肌肉都有強化的作用。

不參加跑步鍛鍊的人，站立二、三十分鐘就會感到疲勞，但是，經常參加跑步鍛鍊的人，無論是持久的站立，還是上樓梯都不會感到很疲勞。

◎解除困倦

當人在困倦的時候，往往會情不自禁地打哈欠。其實從神經學的角度上來講，打哈欠是刺激大腦甦醒的信號。這個信號來自肌肉的收縮和舒張。因此，打哈欠與肌肉和大腦有著密切的關係。打哈欠是臉部的小肌肉群短時間收縮造成的。所以說如果大肌肉群收縮和舒張的話，就會對大腦有著很好的「覺醒」的刺激。

當你因為長時間地坐在電腦的前面、長時間地看書學習而產生困倦的時候，就應該站起來，走一走，然後慢跑幾十分鐘，這樣會對大腦有著很好的刺激，是一個很好的解除困倦的方法。

◎緩解精神壓力

幾乎每個人都會有來自家庭、社會、學校和工作等方面不同程度的精神壓力，

如果處理的得當，不會影響正常的生活、工作和學習。但是，如果精神壓力長期不能得到排解的話，就會對健康造成極大的危害，並很有可能患上抑鬱症，導致坐立不安，甚至產生輕生的念頭。一個好的精神壓力解脫法可以幫助人們從精神壓力當中解脫出來。

跑步鍛鍊，已經被廣泛地認可——不僅作為一種體育鍛鍊的方法，而且作為一種有效的精神壓力的解脫方法。

經常地參加跑步鍛鍊，可以調節中樞神經的緊張感，還可以促使大腦吸收更多的新鮮氧氣。藉由鍛鍊，可以消除因為精神壓力而產生的頭痛、背痛、失眠等症狀。

本書在附錄中附加了精神壓力評估表，讀者可以作一下自我評估。說不定精神的壓力，在你

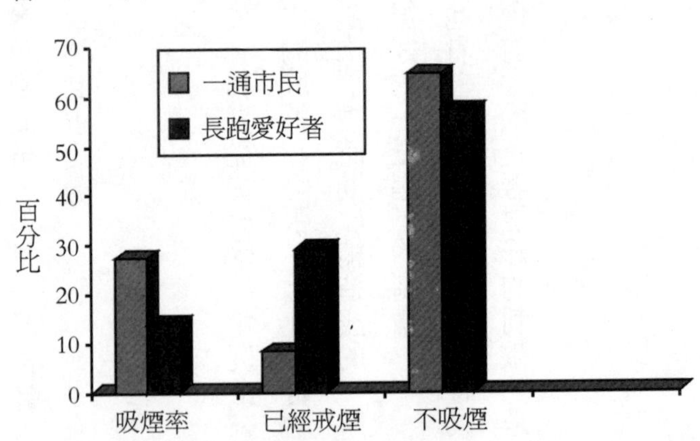

圖5　一通市民和長跑愛好者吸煙率的比較（有吉正博，1987）

沒有注意的時候已經悄然而至了。

◎對吸煙有抑制作用

吸煙對人體的危害，眾所周知。戒煙的方法也有很多，比如吃戒煙糖、喝戒煙茶，但是，有很多人並不知曉跑步鍛鍊對吸煙有很強的抑制作用。據有吉正博的研究證明，東京都的一通市民的吸煙率是長跑愛好者的兩倍。從戒煙率來看，一通市民為百分之八．三，而長跑愛好者是普通市民的四倍，達到了百分之三十（圖5）。跑步鍛鍊不僅是一種健身的方式，而且還是一種很好的休閒方式。跑步愛好者一般都有一個良好的生活方式，早睡早起，對飲食也會提高要求。

當人們有了一個健康、愉快的休閒活動以後，就會很自然地把酗酒、通宵打麻將、抽煙等

不利於健康的業餘活動忘掉。

從另一個角度來看，吸煙可以說是起著暫時緩解精神壓力和疲勞的作用。在生活當中，吸煙者經常會在飯後、工作之餘或疲勞的時候，抽支煙放鬆一下。大多數的疲勞是跟大腦疲勞有直接關係的。其實如果不去抽煙，在疲勞的時候，到戶外慢跑幾十分鐘，同樣會有效地減輕或消除精神上的疲勞，而且有益健康，久而久之，就會把煙完全戒掉。

◎防止近視眼和解除眼睛疲勞

記得在我上小學的時候，我的父親為了我不得近視眼，特意把家裡的桌子腿鋸掉，以使我的眼睛和桌子保持一定的距離。近視眼除了先天遺傳的原因以外，大部分還是後天所致，其原因就是眼睛過度疲勞，沒有得到很好的休息。

尤其是當今社會，電腦的普及，中小學功課的繁重，使人們過度使用眼睛。如果長時間坐在電腦面前，會感到眼睛疲勞，這時如果能到戶外跑上幾十分鐘，不僅能使大腦得到休息，而且眼睛也會得到很好的調整。如果能在公園跑步的話，眼睛能看到綠色，能使眼睛得到更好的休息，就會大大降低得近視眼的機率。

◎預防直腸癌

美國和歐洲的科學家大量的研究證明，跑步鍛鍊可以有效地降低直腸癌的發生。其根據在於跑步鍛鍊促進腸胃的活動，這樣就會大大降低致癌物質在腸中的停留時間，減少致癌物質對腸道的危害。直腸癌的發生還與不經常運動和高能量攝取有直接的關係。

所以，經常的跑步鍛鍊，可以使身體得到運動，從而消耗身體的能量。這些因素都可以降低直腸癌發生的機率。

人是怎樣跑起來的

首先，我們要談一談肌肉的收縮。人體的肌肉只有收縮才能產生跑的現象。所以，只有了解肌肉的結構和肌肉是如何收縮的，才能使我們了解跑的生理機能。

肌肉主要分三種：心肌、骨骼肌和平滑肌。人在跑的時候，主要是骨骼肌在運動，當我們想運動某一塊肌肉的時候，大腦就會以電刺激的形式發送信息，通過脊

椎，傳送到周圍神經，使肌肉產生收縮。

這裡主要談一下骨骼肌。每個骨骼肌都是由大量的個體肌肉細胞組成的。這些細胞平行排列在一起，並被肌纖維、血管和神經分開。肌細胞一共分兩種：Ｉ型纖維和Ⅱ型纖維。它們在體內不規則地分布。

Ｉ型肌纖維通常也被稱為紅肌纖維，紅色的原因是由於肌纖維內含有大量的肌血球素。Ⅱ型肌纖維通常也被稱為白肌纖維，白色的原因是由於肌纖維內含有少量的肌血球素。

早在一八七三年，德國生理學家**Raniver**發現，主要由紅肌纖維組成的肌肉要比以白肌纖維為主的肌肉纖維收縮速度緩慢。現代的科學研究證明了德國科學家的發現。Ⅱ型肌纖維收縮快的原因是在Ⅱ型肌纖維有含量高的肌凝蛋白ＡＴＰ，而Ｉ型肌纖維只含有低量的肌凝蛋白ＡＴＤ。

有大量科學研究證明，從事不同的運動項目的運動員身體的肌肉組成也是截然不同的。短跑選手、跳遠選手和舉重選手的肌肉主要是由Ⅱ型肌纖維組成。中距離跑選手（四百～一千五百公尺）、游泳選手等含有基本相同比例的Ｉ型肌纖維和Ⅱ型肌纖維。長距離跑運動員（五公里以上跑）等的肌肉類型主要是Ｉ型肌纖維。所以，跑步鍛鍊的肌肉練習的目的就是發展和強化I型肌纖維。

也就是說，短跑選手和長跑選手對生理和生物化學有不同要求。短距離選手的肌肉群都比較大，爆發力強，但是，他們不能長久保持相同的競技力。大約不超過二十～四十秒鐘。和短跑運動員相比，長跑運動員肌肉群較小，但有著很強的傳輸氧氣的能力。可以持續數分鐘至幾個小時。

所以，不同的肌纖維的類型在不同運動類型當中所起的作用也是不同的。也就是說，在低強度跑的時候，主要是I型肌纖維在身體內工作，但是，如果逐漸增加跑的強度，II型肌纖維也會逐漸參與工作。這種隨著運動強度的增加，I型肌纖維和II型肌纖維交替工作的現象，給人們一個很大的啟示，那就是不同的跑步鍛鍊計劃，對肌肉的塑造有著關鍵的作用。所以，在跑的實踐當中，應該因人而異制定出恰當的訓練計劃。

認識最大吸氧量

很多人會經常這樣講，小王要比自己跑得快，是因為小王的腿比自己長，年紀

也比自己輕，這些觀點不能說是全錯，但是，存在著極大的片面性。那麼，身體狀況、年齡等在同等條件下，為什麼有些人跑得快，有些人跑得慢？什麼樣的訓練可以提高身體素質和跑的成績？什麼樣的指標可以預測跑的能力呢？這就是我們要論述的重點。

當人在呼吸的時候，空氣（包括氧氣）被吸入肺部。肺部是空氣中的氧氣和血液中的血紅細胞相遇的場所。血紅細胞在接近肺部的時候，是不攜帶氧氣的，而是攜帶著二氧化碳（二氧化碳是在線粒體當中產生的主要能量廢物）。當血液經過肺部毛細血管的時候，血紅細胞就會釋放出二氧化碳，並經過肺部排出體外。同時一部分氧氣進入肺中，分解到血液當中。大量的氧氣就是這樣被血中的血紅蛋白、血紅素運輸到身體的各個部位。

在跑步鍛鍊的時候，肌肉需氧量會突然比平時增加二十倍。隨著肌肉新陳代謝的增高，就會釋放出生物化學的信號，引起肌肉中的血液擴張，加速流動。所以，我們可以想像出來，隨著運動的增加，身體內的氧氣的消耗量也會隨之增加。也就是說，腦中的運動中樞驅動更多的肌原細胞，從而帶動更強的肌肉收縮。以上的運動原理引出了一個在運動生理學當中非常重要的詞語——最大吸氧量（VO_{2max}）。

最大吸氧量的早期研究和定義

最大吸氧量的早期研究開始於一九二三年。英國生理學家測量了在運動中的氧消耗，並且推測出氧氣可以作為運動能力的決定因子。

在一九五五年，美國生理學家證明了隨著運動強度的增加，氧消耗（最大吸氧量）也會成直線上升。當運動員快要達到最大工作率和最大跑速的時候，氧氣的消耗率也會達到極點（稱為高地現象），而且不會再增加。

即使運動員繼續運動下去，無論運動強度多大，運動員也不會再占用更多的氧氣了。此時，可以說運動員達到了最大氧氣消耗率（最大吸氧量）。

每個人都有不同的最大吸氧量值，可以在實驗室裡測出。在九〇年代，南非的運動生理學家和長跑學家糾正了許多生理學家的錯誤，他認為最大吸氧量反映的是人的最大工作率，而不是最大氧氣消耗量。

最大工作率的理論根據是心臟和骨骼肌相互作用而促成最大氧氣量的使用，從而達到工作率的高峰（最大吸氧量）。

最大吸氧量的測量

最大吸氧量的測量可在實驗室中測出。測試者在跑臺或立式自行車上運動，以低運動強度開始，然後強度逐漸增加，但並不是任意增加，而是每分鐘有規律性地增加。

測試持續八～十五分鐘，最後，等到被測試的人體力耗盡，停止運動時，運動員呼出的氣體透過電腦系統算出最大的吸氧量。

影響最大吸氧量的因素

①年齡

經常不運動，健康的人在二十五歲以後，每隔十年最大吸氧量就會減少百分之九。而經常進行體育鍛鍊的人的最大吸氧量每年只會遞減百分之五。心臟和骨骼肌的收縮和效率會直接影響著最大吸氧量。換句話講，如果最大吸氧量減少，肌肉和心臟的收縮性和功效也會逐漸減少，並且肌肉的體積和面積也會隨著最大吸氧量的減少而減少。

②性別

女性最大吸氧量比男性要低。這是因為女性的體脂肪要比男性多，而且肌肉的體積要比男性小。女性肌力比男性小的原因，是女性的最大冠狀動脈流動率和最大心輸出量要比男性低。

③體育鍛鍊

學者的研究表明，經常從事跑步鍛鍊的健康的人，可以使最大吸氧量增加百分之五～百分之十五。

④遺傳

先天性的遺傳也是影響最大吸氧量的關鍵因素。

⑤緯度變化

緯度的變化明顯地影響著最大吸氧量。隨著緯度的增高，氣壓和空氣當中的氧氣也會相對減少。每增加一百～一千二百公尺，人體的最大吸氧量也會隨之減少百分之十。如果站在中國的最高峰珠穆朗瑪峰（八千八百四十八公尺）上，最大吸氧量只有15 ml O_2／kg／min或僅為陸地上的百分之二十七。

最大吸氧量與跑步經濟用氧量的關係

已經有很多的研究證明：最大吸氧量可以作為預測人在跑動時競技能力的指標。那麼，僅僅知道最大吸氧量還是遠遠不能夠解釋為什麼有些人跑得快，有些人跑得慢，有些人能「跑」，有些人不能「跑」。難道有些人跑得慢就是因為最大吸氧量比跑得快的人低嗎？那麼，如果兩個人有同樣的最大吸氧量，跑步的能力就一定會一樣嗎？

長跑科學家們在一九三〇年、一九七〇年、一九七四年和一九七九年，引出了跑步經濟用氧量這個術語，並先後科學地加以解釋。他們認為最大吸氧量是和有效的經濟跑有著極其密切關係的。具體講就是，雖然兩個人有相同的最大吸氧量，並用相同的速度跑步，但是，使用的氧氣量是不一樣的。打個比方，兩輛不同的車如果用一樣的速度跑同樣的距離，可能其中一輛比另外一輛所用的汽油要少。所以說，人也存在著有效經濟的使用氧氣的個體差異。

有些讀者會有些困惑：最大吸氧量和跑步經濟用氧量到底有什麼區別。我們再

強調一下，跑步經濟用氧量是指人以一定跑速跑步的時候，人體所使用的氧氣量。而最大吸氧量是指人以最大速度堅持跑五～八分鐘期間，人體所使用的氧氣比率。

南非的長跑學家的研究證明，最大吸氧量已經遠遠不能預測人的跑步的能力，而是透過跑步的訓練，可以提高人體使用氧氣的能力。所以說，跑得快的人使用氧氣的能力要比跑得慢的人更經濟有效。

影響跑步經濟用氧量的因素

動作的流暢性和訓練

跑步動作的流暢性，影響跑步經濟用氧量。能掌握正確跑步動作的人，跑起來就會很輕鬆、自如。由跑步練習也可以提高跑步經濟用氧量的能力。

肌肉儲存能量的容量

人在跑動的時候，每一次邁腿，兩腳著地，可以由與地面的接觸和反彈儲存能

量，以便運用到下一個動作。

Ⅱ型肌纖維已經被普遍認為要比Ⅰ型肌纖維能夠儲存這種反彈的能量。每當腿部與地面接觸的時候，腿部的肌肉、肌腱和韌帶交替地儲存和釋放能量。因此，腿部肌肉的彈性和柔軟性的好壞，會對能量的儲存有很大的影響。

生物力學的因素

有學者於一九八五和一九九〇年的研究證明，人體四肢的長度和體重會直接影響跑步經濟用氧量，但是，科學家們並沒有發現四肢的長度和體重之間的關係對跑步經濟用氧量的影響。當運動員迫使自己縮小步長或增加步長以保持一定的速度的時候，運動員就變得不能「經濟有效」地使用氧氣了。

科學家們也沒有發現足夠的證據，證明增加步頻以增加跑速，要比單純增大步長更能經濟有效地使用氧氣。

年齡

兒童與成年人相比，跑步經濟用氧量要低很多。但隨著年齡的增長，跑步經濟

用氧量的能力也會逐漸增強。和兒童相比，成年人的體重的增加、步長的增大和彈性能量反饋的增強等原因，都會促使跑步經濟用氧量增大。在青春期時的少年，雖然跑的技能的提高可以使跑步經濟用氧量的能力增強，但不會改變最大吸氧量。

疲勞

根據芬蘭生理學家的實驗研究指出，長跑作為持續的下肢肌肉的收縮運動在運動員極度疲勞的情況下，會導致一種特殊形式的肌肉能量耗盡。這種能量耗盡即使是動員更多的肌肉群，也不能補償肌纖維能量輸出量的不足。總之，由於不能足夠補償能量輸出量，就會大大地損害跑步經濟用氧量的使用。

性別

值得注意的是，大多數科學家從二十世紀七〇年代起就發現，雖然最大吸氧量在男女性差別方面有很大的差異，但是，性別對跑步經濟用氧量沒有任何的影響。可以說，經過很好訓練的男女運動員，有著相同的跑步經濟用氧量。還有科學家認為，因為女性的儲存彈性能量的能力要比男性高，所以，女性要比男性更能「經

濟」地用氧。

一九九二年的研究顯示，身體的體積（體重）也是決定經濟用氧量重要的因素。體重重的人要比體重輕的人能夠更「經濟」用氧。按照這個邏輯，如果女性同男性的體重相同的情況下，女性一定要比男性更能「經濟」地用氧。

種族

也許有很多人認為，非洲人跑步經濟用氧量要比亞洲和歐美人高。但令人吃驚的是，到目前為止科學家只證明了亞洲人和非洲人在成站立、坐姿和仰臥的時候，要比白人（歐美人）少用百分之十七的能量。並沒有足夠的證據證明亞洲人、非洲人和歐美人在跑步經濟用氧量有何差異。

南非的長跑學家認為：非洲人的矮小身材和較輕的體重也許會影響跑步經濟用氧量。但他發現在優秀的長跑運動員當中，不存在著跑步經濟用氧量的差異。

運動服裝的輕重

俗話說輕裝上陣。那麼，為什麼穿上輕便的服裝跑步，會促進跑步能量的發揮

呢?大概不會有很多人能回答吧。運動服裝的輕重，確實會大大影響跑步能力的發揮。有學者在一九八三年研究證明，如果馬拉松運動員脫下一百五十克的尼龍運動裝，換上二百四十克的棉質料的運動服裝的話，馬拉松跑的時間將會增加十三～二十三秒。在大腿部和腳部每增加〇・五公斤，氧氣的消耗就會增加百分之三・五和百分之七・二。其他的長跑學家和運動生理學家也證明，如果腿部的重量增加一公斤，將會額外消耗百分之六～百分之十的氧氣，並且沒有性別上的差異。

為了減少因為跑步而產生的運動傷害，科學家們在運動鞋的設計上下了很大的工夫。如果運動鞋過輕的話，就有可能對大腿和膝關節造成損傷，隨意在運動鞋的內側特意加厚，或者鞋底加厚，這樣做雖然降低了因為跑而產生的運動創傷，但是會影響用氧量。

有學者在一九八五年的研究說明，如果運動鞋的重量增加八十克的話，就會消耗額外百分之一・四的氧氣。當長跑學家得到這樣的科研結果之後，就一直研究探索輕便且對下肢關節衝擊小的運動鞋。

從二十世紀八〇年代初，一家知名體育用品公司首次向公眾介紹了氣墊鞋底。有很多科學家對氣墊鞋底的科學性作了研究。他們發現當人以每小時十六公里的速

度跑的時候，穿著氣墊鞋底的運動鞋可以減少百分之一．六～百分之二．八的氧消耗。如果能把節約的氧消耗的部分直接作用在提高跑的能力上面，那是最理想不過了。但是，在這方面的研究還是不夠。

那麼，究竟運動服裝等其他屬於空氣動力學的因素對氧消耗有多大的影響呢？科學家研究，發現了空氣動力學的因素對氧消耗的具體百分比率。

★鞋和暴露在外面的鞋帶（百分之〇．五）

★汗毛（百分之〇．六）

★長襪（百分之〇．九）

★短髮（百分之四）

★寬鬆的運動衣（百分之四．二）

★長髮（百分之六．三）

環境因素

在這裡所說的環境因素是指跑步路線的平整度、風速、風向、上下坡等。這些因素對氧氣的消耗有著重要的影響。

一九五五年，科學家首次介紹了跑步路線的平整度對氧消耗的影響。他們的研究指出：在耕地上走路要比在光滑的地面上走路多消耗百分之三十五的氧氣。到了一九八五年，又有生理學家證明在沙路上走路時的耗氧量要比在平滑的地面上多。

在一九五八年英國一位生理學家研究了風速對跑步能力的影響。他的研究說明：以六十七秒跑完四百公尺的速度來計算，大約要用百分之八的能量來克服空氣阻力（風速）。到了二十世紀七〇和八〇年代，透過實驗室和戶外研究相結合，長跑學家不斷發展了前人的研究。糾正並澄清了人們對風速的誤解。依靠順風就會跑得快，遇到逆風就會跑得慢的傳統理論，被長跑學家的研究推翻。

當人以低於每小時十八公里的時速跑馬拉松並在順風（每小時十九．八公里）的狀況下，順風並不會對跑速有很大的影響。大家可以想像，幾乎沒有幾個長跑愛好者能夠以二小時二十一分跑完馬拉松的。所以，順風的理論知識應用於那些能夠至少能以二小時二十一分跑完馬拉松的一流的長跑運動員。長跑學家同時得出了順風跑對跑速的影響，只是逆風跑對跑速影響的一半。這個發現也就打碎了如果在逆風中跑的時候，跑速受到損失，想在逆風的時候把跑速補回來的「夢想」。他們的研究結果也證明了因為海拔高的地方空氣稀薄，空氣阻力小，所以，在海拔高的地

方跑步要比在海拔低的地方跑得快。

跑步經濟用氧量還是隨著不同的運動類型而變化的。一般來講，在平地上跑要比在上坡和下坡的時候，更能經濟地用氧。但是，長跑學家發現了與風速類似的結果。在下坡跑所「節約」的能量，只是在上坡跑時損失能量的一半。也就是說，在上坡跑的時候，損失的時間或跑速，根本就不可能由在下坡跑來補償。

能量攝取和儲存機理

食物在身體中的作用

我們所攝取的大多數食物都是由複雜的分子組成的。這些分子都會分解成小分子之後才能由腸壁吸收，最後進入血液當中。一旦進入到血液當中，就會被傳輸到適當的組織，尤其是被傳送到肝臟、肌肉和脂肪組織儲存起來，以便在人體運動的時候提供能量。食物分子的分解過程是指食物通過食道到達胃中，在胃的酶的作用下，碳水化合物、蛋白質轉化成簡單的成分。尤其是葡萄糖、半乳糖、麥芽糖和果糖，是從碳水化合物轉換而來的。氨基酸是從蛋白質轉換而來的。

食物在胃中充分消化之後，被分散到小腸前半段裡。肝臟和胰腺的分泌物又把食物再次分解。膽汁分泌物有清潔的作用，把脂肪分離成乳狀液。胰腺和腸的分泌物中的酶可消化碳水化合物、脂肪和蛋白質。當食物進入到小腸的後半段時，食物已經被分解成可被吸收的物質。碳水化合物、脂肪和蛋白質在小腸的前段和中段被吸收。礦物質、維生素和鐵質在腸的末段被吸收。在小腸沒有被吸收的水分在大腸被吸收。當運動開始的時候，早已在各個器官內儲存的能量被利用，給肌肉的收縮提供ATP（是主要的能源）。

①碳水化合物

被吸收的碳水化合物完全轉化成可被消化的形式——葡萄糖、麥芽糖和果糖。這些糖分要通過肝臟，果糖則被轉化成葡萄糖。葡萄糖在肝臟中以糖原的形式儲存起來之後，被輸送到骨骼肌和心臟儲藏為肌糖原。還有一些葡萄糖被諸如腦、腎臟和血紅細胞燃燒。所以，沒有充足的葡萄糖供給，大腦就不能正常工作，在血液當中的葡萄糖的減少就會引起中樞神經系統的疲勞。

在運動的時候，大多數的葡萄糖從肝臟中釋放出來用於骨骼肌的收縮。與肝臟

不同的是，肌肉不能夠以肌糖原分解的形式產生葡萄糖（最終產物）。根據最新研究證明，乳酸成為糖酵解的最終產物，並由血液的流動傳送到全身各個部位。糖酵解在運動激烈的時候變得非常活躍，所以，也就會產生大量的乳酸。

②脂肪

食物當中的脂肪在大腸內透過胰腺酶被消化。脂肪當中的甘油和脂肪酸物質被吸收到血液當中，被重新組合後傳送到肝臟。最後通過肝臟傳送到特定的脂肪儲存組織和肌肉中，在這些部位中以甘油三酸酯的形式儲存起來。脂肪儲存組織廣泛地分布在全身各部位形成皮下脂肪組織，並且分布在諸如心臟、腎臟和大腸等內臟器官的外壁。

女性和男性相比有著不同的脂肪分布形式。女性的脂肪主要集中分布在乳房、大腿上部、臀部（通常稱為梨形）。男性的脂肪主要分布在腹部（通常稱為蘋果形）。這種不同的脂肪分布對健康有不同的影響。

男性患高血壓、高膽固醇、糖尿病和心臟病的幾率要高於女性。我們在前面提到的甘油三酸酯是由三個脂肪酸分子附著在一個甘油分子上。這是由一種存在於脂肪細胞膜當中的一種酶——荷爾蒙敏感脂肪分解酵素的作用而形成的。荷爾蒙敏

感是指酶的活性是受血液當中的荷爾蒙限制的。有兩個重要的荷爾蒙在體內控制著脂肪的使用。一個是胰島素可以降低這種酶的活性，阻止脂肪被利用和燃燒。另外一種是腎上腺可以激發酶的利用，增加脂肪的利用。而長跑鍛鍊可以使胰島素濃度下降，腎上腺的濃度上升，從而激發脂肪的分解和脂肪酸的活動。

③蛋白質

當蛋白質被消化的時候，就被分解成氨基酸。氨基酸不僅被傳輸到肝臟，而且被全身運用。蛋白質雖然可以作為運動的能源，但是，它只是在人處於極度疲勞的狀況下，或持續三小時以上運動的時候，才發揮它的能量源的作用。而且只占整個身體需要能量的百分之十。蛋白質的主要作用是，當肝臟的糖原儲存量低的時候，向肝臟提供能量。

身體的能量儲存

由圖6（A）我們可以發現一名七十公斤的男性不同身體器官的比例。占人體最大部分的是肌肉有二十六公斤（百分之三十七），其次是脂肪組織有一〇·五公斤（百分之十五）和骨骼十公斤（百分之十五）。水分是人體的主要組成部分，最

大可占人體的百分之六十四，占人體的水分、脂肪和碳水化合物總和的百分之八十三，如圖7（B）。脂肪是人體最大的能量組成部分，即使是脂肪較少的男性（體重為七十公斤），身體的脂肪也有九公斤，而碳水化合物僅占六百～

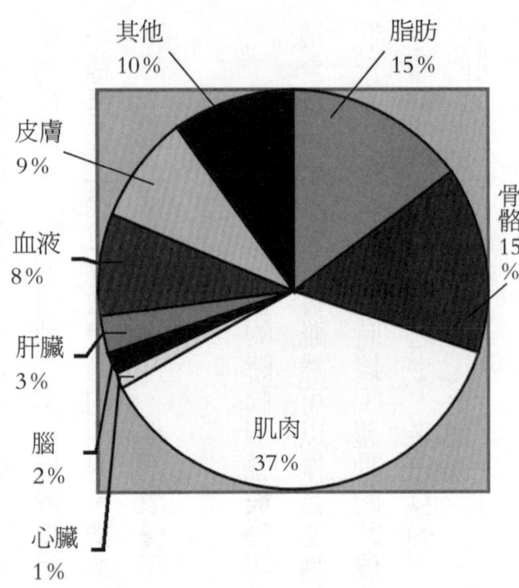

圖6　身體不同器官的重量的百分比（A）

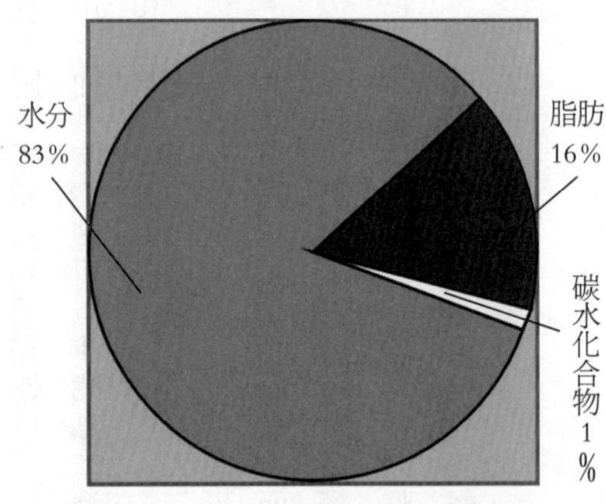

圖7　身體水分、脂肪和碳水化合物的百分比（B）

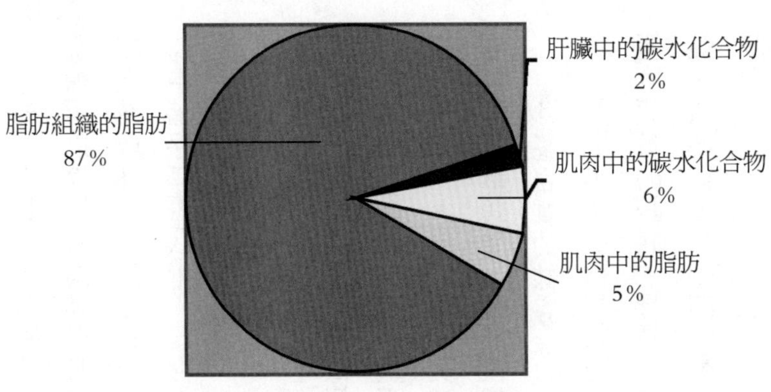

圖8　身體能量的儲存的百分比（C）

七百克。圖8（C）表示的是身體的總能量的百分比。脂肪組織（皮下脂肪）占百分之八十七，肌肉脂肪占百分之五，肝臟中的碳水化合物占百分之二，肌肉中的碳水化合物占百分之六。

①碳水化合物的儲存

我們由上面的論述可以發現人體只能儲存一定的碳水化合物。但是，事實上由於每個人的具體情況不同，儲存的量也是不同的。

首先，有學者在一九九九年的研究指出，沒有經過訓練的人與經過訓練的人，在攝取同樣的食物以後，前者僅能儲存二百八十克的碳水化合物，而後者可以儲存七二十克的碳水化合物。所以，研究證明，經過訓練的人要比沒有經過訓練的人可儲存更多的碳水化合物。

一九六七年，有學者對長跑者、游泳運動員和皮划艇運動員的測試證明，透過訓練可以提高肌肉儲存肌糖原的能力。食物也是影響身體儲存碳水化合物的能力。如果攝取高於百分之七十的高碳水化合物食物，對於沒有經過訓練的人，只能在肌肉中儲存二百八十～三百六十克的糖原。而經過訓練的人則會儲存二百八十～四百二十克的能量。

②脂肪的儲存

我們可以想像根據每個人的情況不同，身體的脂肪分布也是不一樣的。但是，男性的平均脂肪量占體重百分之十五，而女性則占體重的百分之二十五。大量的科學研究證明，長跑運動員身體脂肪在百分之四～百分之七。所以，從脂肪的儲存來看，跑步鍛鍊是一項最佳降低人體脂肪量的方法。

③蛋白質的儲存

與碳水化合物和脂肪的儲存相比，不太容易減少蛋白質的儲存。只有當人們在極度疲勞的時候，身體內的蛋白質量由代謝的作用才會一點一點減少，用來支持腎臟、血紅細胞和腦的活動。蛋白質的儲存在短時間內增長迅速，很快就會達到平衡狀態。

科學補水

提起攝取水分，許多人，甚至包括長跑運動員和教練員認為無非就是飲水，喝運動飲料，解渴，防止脫水。其實從科學的角度來講，攝取水分還有更重要的意義。

◎攝取水分可抑制體溫上升

跑步鍛鍊就會使身體出汗，這是因為要由出汗來抑制體溫上升。出汗的同時，身體中的熱量就會一起散發，體重也會相應減輕。有研究顯示，如果身體減少百分之一的水分，直腸的溫度便會上升〇．

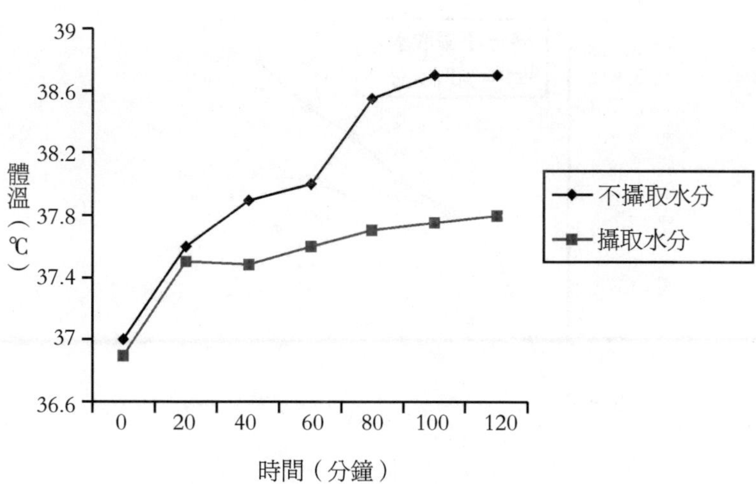

圖 9　運動中攝取水分有抑制體溫上升的作用

三℃，如果減少百分之二的水分，身體的機能就會下降（圖9）。所以，要及時補水。

◎可以延緩疲勞及精神緊張

在熱的環境下進行長時間的運動，如果攝取水分，主觀運動強度數值就會降低，如圖10～13所示，可以延緩疲勞的出現。

註：主觀運動強度是指自我感覺的運動強度從非常輕鬆到非常難受的十五個級別。點數從六～二十計算。這些點數的十倍，就相當於脈搏的次數。這是一種簡單測試運動強度的方法（如表3）。

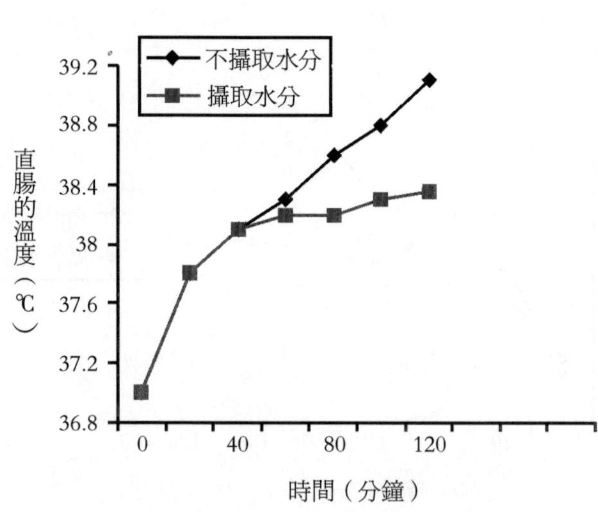

圖10 攝取水分對體溫的影響

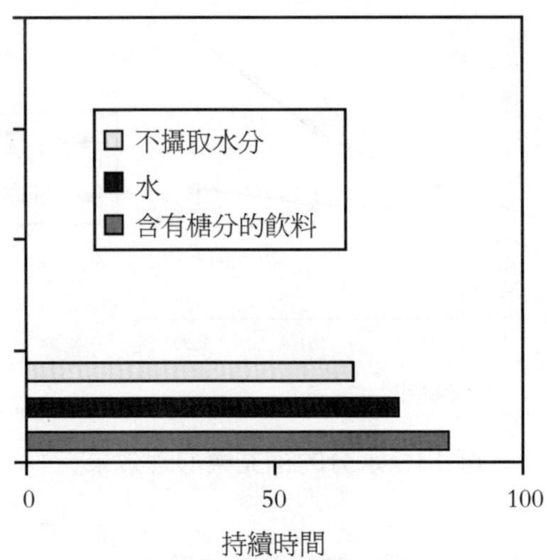

圖 11　攝取水分與持續運動時間的關係

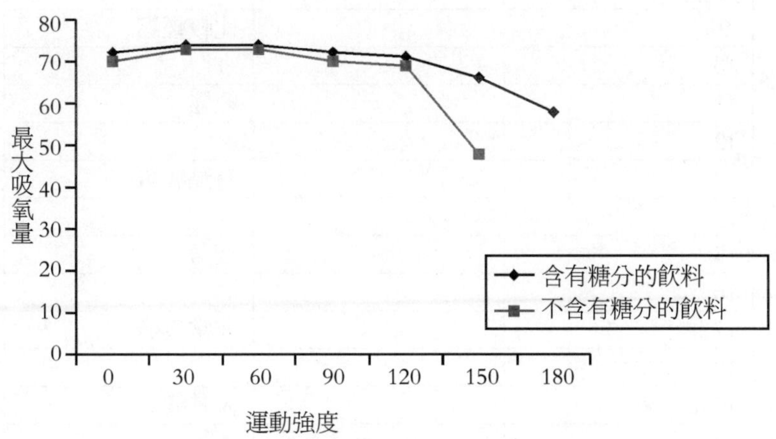

圖 12　攝取含有糖分的飲料與出現疲勞關係的曲線

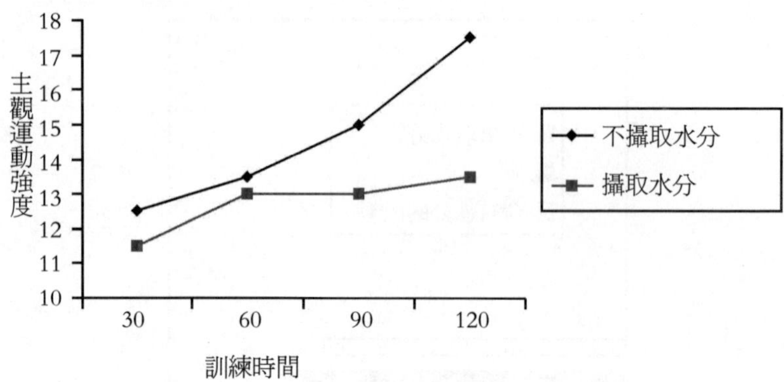

圖 13　水分的補充與心理效果

表 3　主觀運動強度表

6		
7		非常輕鬆
8		
9		比較輕鬆
10		
11		輕鬆
12		
13		有點疲勞
14		
15		疲勞
16		
17		非常疲勞
18		
19		極其疲勞
20		

（博格，1976 年）

◎兩種攝取水分的方法

有很多人認為攝取水分只是由口來補充水分，其實不然。攝取水分還可以由皮膚來完成。所以，攝取水分的方法有兩種，經口攝取水分和經皮膚攝取水分。

經口攝取水分

①跑步鍛鍊當中如何補充水分

在跑步鍛鍊的時候，會大量地出汗。在跑前的三十～六十分鐘，應當攝取三百～五百毫升的水分。跑步開始以後，根據體力的消耗程度，可每十五～二十分鐘補充二百毫升左右的水分。但每個人是不一樣的，如果條件允許的話，可在跑步鍛鍊中，一邊稱體重，一邊根據體重的變化量來攝取水分。其計算方法如下：

出汗量＝跑前的體重－跑後的體重

出汗量＝補充水分量

如果等到口渴以後再補充水分的話，就已經陷入了脫水狀態。所以，在鍛鍊中要儘可能早地補充水分，並且一天當中要多次補充水分。

②參加比賽的時候如何補充水分

在做準備活動的時候，或比賽以後，均可補充水分。

③晨練前補水

有許多人喜歡在早晨做跑步練習。早起之後，可能不容易感覺到口渴，其實這時已經瀕臨脫水的狀態。因為人在睡覺的時候，會有出汗的現象，身體內的水分會大量消耗，所以，在晨練以前應該補充適當的水分。

經皮膚攝取水分

簡單地講，經皮膚攝取水分，就是直接把水澆在身體上。這個方法可以說是專業運動員在比賽中的常用方法。我們在看馬拉松電視轉播的時候，經常可以看到有些運動員喜歡把水澆在身體上。但是很多人，甚至包括運動員、教練員都以為把水澆到身上就是降低皮膚的溫度，其實不然。

這是一種身體間接攝取水分的方法。直接把水澆在身上，不僅可以冷卻體表，而且還有節約身體中的體液的作用。因為隨著體溫的升高，就會出現排汗的現象。隨著大量的排汗，身體中的水分也會相應減少。隨著身體內的水分（體液）的減少，就會產生神經性的疲勞，體溫調節的功能也會失控。如果不及時補充水分，就會加速神經性疲勞，會出現脫水、中暑等現象。

用水代替汗水進行體溫調節，就會逐漸消除神經系統的疲勞，對保持良好的跑動狀態，以及提高跑步鍛鍊的水準有著極大的促進作用。

雖然冷卻體表會使皮膚血管收縮，妨礙身體散發熱量，但是，跑步者在暑熱的狀態下，血液會積存在皮膚血管之中，如果皮膚血管被冷卻收縮，積存在皮膚血管中的血液會很容易回流心臟，對保持心臟的血流量有促進作用。

把水澆在身體上，並不是盲目地澆水，而是要針對具體的部位，主要是頭部、頸部、大腿的前側，水溫以十三度為最佳。這個方法看起來只有專業長跑運動員才能用得到，但對於一般的跑步愛好者來講，了解攝取水分的科學原理，對其保持良好的鍛鍊狀態、保持身體健康，有著十分重要的意義。

◎不盲目選擇運動飲料

有很多人在跑步鍛鍊和比賽前喜歡補充葡萄糖液，或喝一些糖分含量很大的運動飲料。如果懂得了補充運動飲料的原理，就不會這樣盲目地補充運動飲料了。補充運動飲料的關鍵還是在於補充水分。即使是世界一流的長跑和馬拉松選手，他們經常補充的也只是礦泉水。

如果想補充含有糖分的飲料，一定要選擇糖分低的飲料。如果糖分太大，可以用水稀釋一下。如果想把碳酸飲料作為補液時，可以把汽放掉，用水稀釋糖分濃度大的碳酸飲料。也有些長跑運動員用紅茶、砂糖和蜂蜜兌起來，做成檸檬茶。

無論什麼樣的飲料，其鹽分的濃度應為百分之〇．二，糖分的濃度為百分之三～百分之六。

對於經常參加跑步鍛鍊的人，在長跑比賽中，沒有必要增加補充糖分的攝取。因為經常參加跑步鍛鍊的人透過長時間的鍛鍊，增強了少用能量（葡萄糖）的能力。由於脂肪代謝不會因糖能源的枯竭而使運動機能降低，所以，對於經常參加跑步鍛鍊的人來講，不必刻意增加糖分的攝取。

吃——攝取碳水化合物才是關鍵

跑步愛好者到底應該吃什麼才能補身體，成為熱門話題。要不要吃牛肉來增加肌肉的力量，要不要喝碗雞湯壯壯身體。其實這些都是對跑步科學飲食的誤解。中國的飲食種類很多，和歐美的食物相比，脂肪量較少，但是，和日本、韓國的食物相比，用油量又較大。

對於跑步愛好者來講，最理想的飲食比率為百分之十蛋白質，百分之二十脂肪，百分之七十碳水化合物。這樣看來，脂肪和蛋白質並不占飲食的主體，攝取碳水化合物才是關鍵。

當然，科學飲食是非常複雜的理論，如果詳細講起來，還要分不同體育項目的

科學飲食，按照鍛鍊計劃不同的科學飲食、疲勞的科學飲食等。而本書主要針對跑步愛好者，雖然在飲食方面不像專業運動員要求那麼嚴格，但是，牢記科學飲食也是非常重要的問題。

提起用飲食法來提高運動成績，會使大家情不自禁地想起用某些昂貴的食品來大補身體。其實，利用飲食法來提高運動成績，是指用碳水化合物負荷法來提高運動成績。換句話來講，就是在比賽的前幾天，日常的飲食內容轉變成以米飯、麵包、馬鈴薯等高碳水化合物為主的食物。這可以使肌糖原明顯增加。在比賽前四天，跑步鍛鍊完之後，馬上攝取高碳水化合物食物，可以使體內的肌糖原比平時攝取一般食物所獲得的高二倍。

在比賽前一週，跑步鍛鍊之後，開始用高碳水化合物代替蛋白質和脂肪的攝取，也會明顯地提高肌糖原的貯存量。這樣做雖然會使體內貯存更多的肌糖原，但也很容易打亂平時的飲食規律，應慎重採用。

◎素食跑步者的飲食

雖然最理想的飲食比率為百分之十蛋白質，百分之二十脂肪，百分之七十碳水化合物，但是，對於那些素食跑步者（通常指不吃肉的跑步者）來講，應該怎樣保持營養平衡呢？根據南非著名長跑學專家迪姆努庫斯的研究指出，如果按照以下的四個原則科學飲食的話，即使是素食跑步者也能保持營養平衡。

▲為了避免蛋白質的不足，可以在每餐中增加不同種類的蔬菜蛋白。穀類、大麥、大米含有充足的蛋氨酸。干豆、大豆以及豌豆含有大量的賴氨酸。

▲保證補充足夠的鈣和核黃素（B_2）。這主要是由黑綠葉蔬菜、豆類、豆漿、花生、杏仁和芝麻來補充。

▲保證鐵質、礦物質、維生素B_1和B_2的攝取。這主要是由豆類（維生素B和鐵）、完整的穀類（維生素B_1、鐵和微量元素）、硬果物和種子類（維生素B和鐵）來攝取。

▲預防維生素B_{12}的不足，可以由服用維生素B_{12}藥丸來補充。

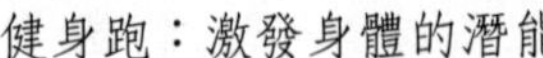

比賽前的飲食：什麼時候吃比吃什麼更重要

沒有必要制定特別的菜譜。在比賽的當天應當食以碳水化合物為中心的食物。在早飯前，散散步，從容地吃早餐。比賽當日不僅吃什麼很重要，而且什麼時候吃更重要。

一般來講，比賽前三小時吃早餐為佳。比如，比賽是十點鐘開始，七點鐘的時候，就要把早飯吃完。如果比賽從十二點鐘開始，除了吃早餐以外，還要在九點或十點鐘的時候進食水果和點心。當然也不要忘記補充水分。

切忌比賽開始時間和進食的時間間隔過短。這樣胃中的食物還沒有完全消化之前就投入比賽，會引起胃部疼痛、發脹，甚至在比賽中產生嘔吐的現象。

技術篇

跑前須知：跑不好會危及生命

◎跑前的健康檢查

很多人認為沒有病就沒有必要到醫院進行健康檢查，其實不然。對於心血管疾病的高危險群來講，如果早上起床之後，馬上進行大強度的體育鍛鍊，很容易造成腦血栓、心肌梗塞等急症，引起死亡。因此，例行的保健檢查，對健康有著極其重大的作用。

對決定要參加跑步鍛鍊的人來講，更是至關重要的。因為由血液的化驗檢查，可以對心臟、肝臟等其他內臟器官的狀態、營養狀況、免疫機能、傳染病的有無等有個系統的了解。而且透過檢查血壓，可以知道血壓是否正常。

所以，在跑前，準確了解和掌握身體的狀況，可以減少跑步鍛鍊的危險度，正確制定有針對性的鍛鍊計劃。這樣才會達到事半功倍的效果。

◎不能疏忽的準備活動

準備活動說起來簡單，但是，做起來並不容易。許多跑步鍛鍊者經常會疏忽做準備活動。準備活動不僅對於跑步鍛鍊重要，而且對於所有的體育鍛鍊都是很重要的。如果不做準備活動就開始跑的話，會急劇加重呼吸系統和心臟的負擔。尤其對於剛剛參加鍛鍊的人來講，會很容易產生胸悶、呼吸困難、肚子疼痛等現象。同時還有可能造成膝關節和踝關節的損傷。

所以，跑前應該從走開始，然後過渡到跑。在跑之前，首先做一做膝關節和踝關節的伸展運動。然後做一下腰部的伸展運動。這些準備活動，看起來很簡單，但卻是很有效的預防運動創傷的好方法。

因此，請大家一定牢記，跑前的準備活動必不可少。

循序漸進增長鍛鍊技巧

◎跑步前的走：如果氣喘吁吁，就不必勉强

對於剛剛參加跑步鍛鍊的人，最好不要急於馬上跑。要循序漸進，從走開始過渡到跑。在開始的第一個月，應該走和跑混合在一起練習。

首先，作為準備活動，先走四～五分鐘。等身體逐漸變暖了，則可以做膝關節的屈伸練習，並且做踝關節的轉動動作。接著，兩腿開始做輕微的跑的動作。但不要一下子跑得太快。通常剛剛參加跑步鍛鍊的人跑四～五分鐘就會氣喘吁吁。這時不必勉強自己，可以從跑變走，一邊調整呼吸，一邊走四～五分鐘。如果覺得還有體力的話，可再跑四～五分鐘，這樣二十分鐘的走跑相結合的方法，可以使剛剛參加跑步鍛鍊的人不會產生厭煩情緒，而且可以對跑步鍛鍊產生興趣。

兩公里以內，六層樓以下，儘可能地不乘汽車和電梯，養成一個從走開始的生活方式，為跑步鍛鍊打好基礎。

圖 14　走跑練習策略

跑前走的程序

膝關節伸屈練習，活動踝關節→四～五分鐘走→再一次做膝關節伸屈練習，活動踝關節→四～五分鐘跑→四～五分鐘走→四～五分鐘跑。

◎面帶微笑的走跑技法

有了跑前走的基礎，就可以逐漸提高走跑的檔次。但這時候，不一定就能持續地一下子跑二十分鐘以上。不要著急，沒有關係，可以換一換走跑的練習策略。

每分鐘保持一百～一百六十公尺的走跑速度，這樣完全可以毫不費

力、面帶微笑地堅持下去，大家也會逐漸感到跑步的樂趣了。

走跑練習策略（圖14）

三分鐘走＋二分鐘小跑	三～四組
一百公尺走＋二百公尺小跑	八～十組
五分鐘跑＋三分鐘走	二～三組
十分鐘小跑＋三分鐘走＋十分鐘小跑	一組

◎二十分鐘跑的樂趣和益處

對於剛剛開始進行跑步鍛鍊的人來說，持續地跑三十分鐘是非常不容易的。你不妨給自己訂一個小計劃：堅持跑二十分鐘。請記住啊！一定要面帶微笑跑完二十分鐘。如果在途中實在是氣喘吁吁，不能堅持的話，可以以走代跑，作為一個小憩。待呼吸節奏恢復到良好的狀態後，接著跑完剩下的時間。

很多剛剛參加跑步鍛鍊的人都會有這樣的經驗：剛跑五分鐘就覺得沒有意思，想馬上放棄。如果這樣做非常可惜。

跑步鍛鍊是一種有氧代謝，全身運動，整個身體需要一定的時間來適應有氧代謝。剛跑五分鐘，這正是身體快要適應有氧代謝的時候，如果這時候放棄，那可是前功盡棄，所以要堅持下去。但跑了差不多十五分鐘，也有很多人會開始厭倦，一定再堅持五分鐘，最後的五分鐘才是最有效的。這時，也許會感到很疲勞，所以，應該積極地調整呼吸，保持原有的節奏，跑完二十分鐘。

如果堅持跑完二十分鐘，即使是非常慢的速度，也可以跑二公里。我們可以算出每十分鐘跑一公里。如果適應了這個節奏，每公里用六～八分鐘跑下來，這樣二十分鐘就可以跑三公里。記住了這個節奏，就應該保持一段時間。

儘量不要在短時間內提速，否則會打亂身體的節奏。可以增加每週跑的次數。比如從一次增加到兩次。逐漸增加到三～五次。二十分鐘跑的最大益處是不會讓初級鍛鍊者馬上對跑步鍛鍊產生厭倦的情緒，也不會使身體產生疲勞，會給跑步者有意尤未盡的感覺，會形成一個良好的開端。

◎跑步的三大要素決定鍛鍊質量

在介紹跑的各種技巧之前，一定要了解跑的三大要素，即流暢的跑步姿勢，穩

定的跑步動作和良好的跑步節奏。這三大要素直接影響跑步鍛鍊的質量。

流暢的跑步姿勢

要保持流暢的動作，就是指在跑動的時候，身體沒有明顯上下的波動。當然跑可以說是全身關節的運動，身體上下完全不波動是不可能的。但是，如果能儘可能地減小身體的上下波動，跑的動作就會很自然地變得流暢。

穩定的跑步動作

有了穩定的跑步動作，不僅可以體會到跑的樂趣，身體還不易產生疲勞。穩定的跑步動作包括三個方面：左右穩定、上下穩定和前後穩定。

在跑的時候首先要保持左右穩定。其基本的原則是保持直線跑。在公路上跑的時候，一不注意，就會跑到路中間。在馬路邊跑的時候，一不小心腳會踩到路邊的水溝。有時候，可以聽到單腳在落地的時候，聲音過大。這都是因為沒有注意到保持左右穩定。

上下穩定是指上下肢用力平衡。有很多跑步者過多地依賴腿去跑。儘管腿在跑

圖 15　良好的跑步節奏

的時候擔任著主角，但是，上肢和頭部的姿勢也是很重要的。加強擺臂的力度，可以保持上下肢的平衡。

前後穩定是指在跑時身體的自然前傾。如果上身前傾太大，就會有摔倒的危險，而且還會使眼睛朝下看，造成視野變窄。

良好的跑步節奏

良好的跑步節奏是指跑的速度不會忽快忽慢，保持一定的速度。高水準的長跑選手都具備很好的跑的節奏。良好的跑步節奏可以保存體能，不會使身體過快地產生疲勞。

怎樣跑鍛鍊效果好

◎用膝關節去跑步

有很多不了解情況的人認為跑步鍛鍊會損害膝關節。這種擔心是可以理解的。

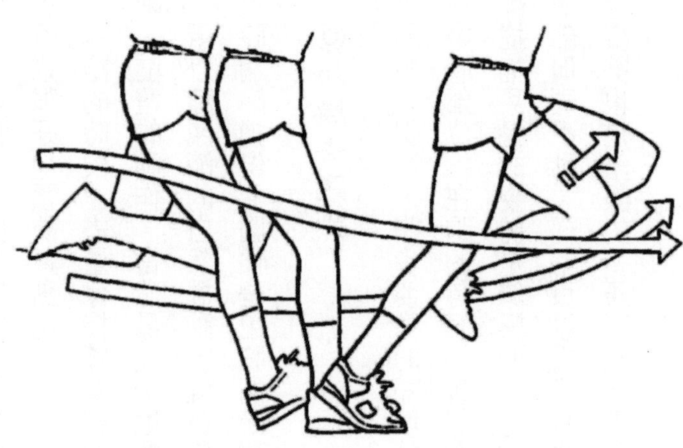

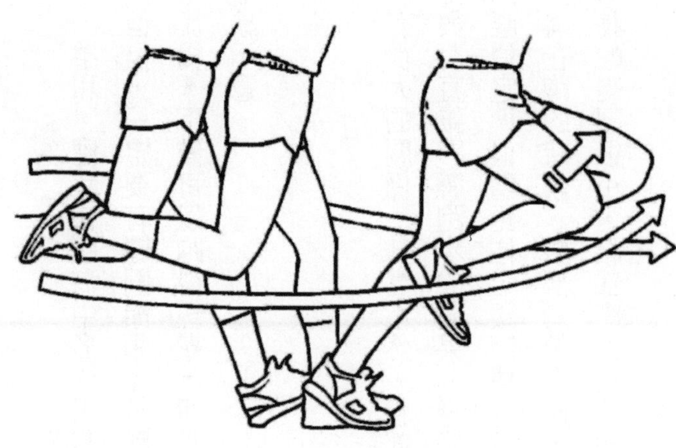

圖 16　用膝關節去跑步

但卻是一種偏見。因為膝關節的損傷往往是跑的動作不當造成的，而正確的跑步姿勢，可以很好地預防運動傷害。

在跑的時候，盡量保持膝關節的動作連貫、柔和。應該在腦海中形成用膝關節著地、前蹬的動作。當然最先著地的是雙腳，但是，一定要有膝關節領先於腳的概念。所以膝關節的自然擺動，就會使腿的動作流暢，不僅可以跑得輕鬆，而且還能避免膝關節損傷。圖16是用膝關節著地蹬的形象示意。

◎用腰去跑步

許多人認為，跑步姿勢的好壞，與腰部沒有很大的關係。其實不然，腰部是身體的中心部位，在跑的時候，腰部姿勢的正確與否直接影響跑步的效果。身體的上半部搖搖晃晃的姿勢是錯誤的，跑的時候腰部應穩定。但請記住，腰部穩定並不等於腰部僵硬不動。經常可以看到有些跑步愛好者在跑的時候，腰部過於僵硬，這種跑步姿勢也是錯誤的。腰部和上下肢相比，活動的範圍很小。腰部應很自然地「扭動」。

具體地講，腰部應該前後、上下、左右自然地「扭動」，當然切忌過於強調扭動，這樣會起反作用。在剛開始練習的時候，如果跑得太快，不易於掌握腰部自然「扭動」的動作。跑步愛好者應從走開始，一步一步地確認動作，在腦海中想著競走運動員的動作。從走過渡到跑，直到掌握好動作。

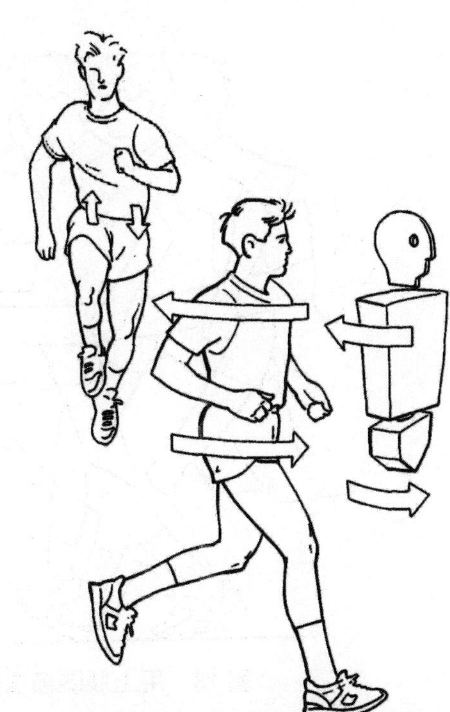

圖17　用腰去跑步

上半身應該有一些自然前傾，但不可過於前傾。跑的時候，可以自然地聯想馬在奔跑時的動作，上半身的動作就像馬跑的時候上半身的自然活動。

◎用上肢關節去跑步

跑步時，上肢的動作經常被鍛鍊者忽視。其實，積極有效地擺動上肢關節對上

圖18 用上肢關節去跑步

坡跑有很大的促進作用。在長跑比賽的時候，經常可以看到領先選手積極地擺動兩臂，而落後的選手經常是吃力地擺動兩臂。

擺臂就是上肢從肩關節開始，經過上臂、前臂、手腕到手，積極地前後擺動。經常可以看到有些人在跑的時候，從肘關節開始到手前後擺動不積極。還有一些人有左右擺臂的習慣。這些都是錯誤的動作。上肢關節動作和下肢動作相比，很容易提高和改進。但是，沒有必要刻意地使雙臂一定平衡擺動，只要前後積極地擺動就可以。

◎用眼睛去跑步

前面提過，上體應該自然向前傾斜，才是最基本的身體的動作。但是，往往在上體前傾的時候，有些長跑者的眼睛會向下看。這是錯誤的動作。眼睛應該向正前方看，拓寬自己的視野。如果視野太窄，會造成一定的危險。因為在馬路上，以及其他公共場所上跑步的時候，自行車、汽車以及行人會在跑步者意料之外突然出現，如不小心，會造成衝撞事故。所以，眼睛是一個非常重要的搜集情報的器官，眼睛在集中一點的同時，也要注意身體四周的情況。

此外，每隔幾分鐘可以低下頭，用眼睛檢查自己的擺腿的動作以及兩手臂的擺動路線。如發現有動作不當的時候，應該馬上糾正。

◎用腳部軟著地

在跑的時候，可以經常聽到腳叭嗒叭嗒的聲音，這是因為腳掌同時著地，並沒有使腳軟著地。正確的動作是腳後跟先著地，經過腳心，最後過渡到腳趾。其關鍵在於膝關節動作舒展，踝關節要放鬆。有些跑步愛好者認為軟著地的動作和走路的

動作是一樣的。如果像行走那樣過於強調用腳踵著地，反而會使腿部動作減慢，踝關節也不會放鬆。

腿部和腳部軟著地以及離地分三個階段（見圖19），即著地階段、支持階段和離地階段。在著地階段充分利用胯關節和膝關節控制腳後跟，使其軟著地；在支持階段應充分利用身體體重向前運動；在離地階段要充分有蹬的動作，並且使騰空的腿積極向前運動，手臂也應改積極地擺動。如果能把這三個階段做好的話，跑的動作就會有彈性的感覺。

跑步時如何正確呼吸

人在安靜的時候，每分鐘的呼吸量是十～二十升，但是，在跑步的時候呼吸量要比在安靜的時候高十～二十倍。呼吸和跑的動作沒有直接的關係，但它是跑步者技術中極其關鍵的一部分。

跑就是身體攝取氧氣，使身體進行有氧代謝的運動，所以說合理有效的呼吸對跑步鍛鍊來講，是非常重要的。有許多跑步愛好者不清楚在跑動時到底需不需要張

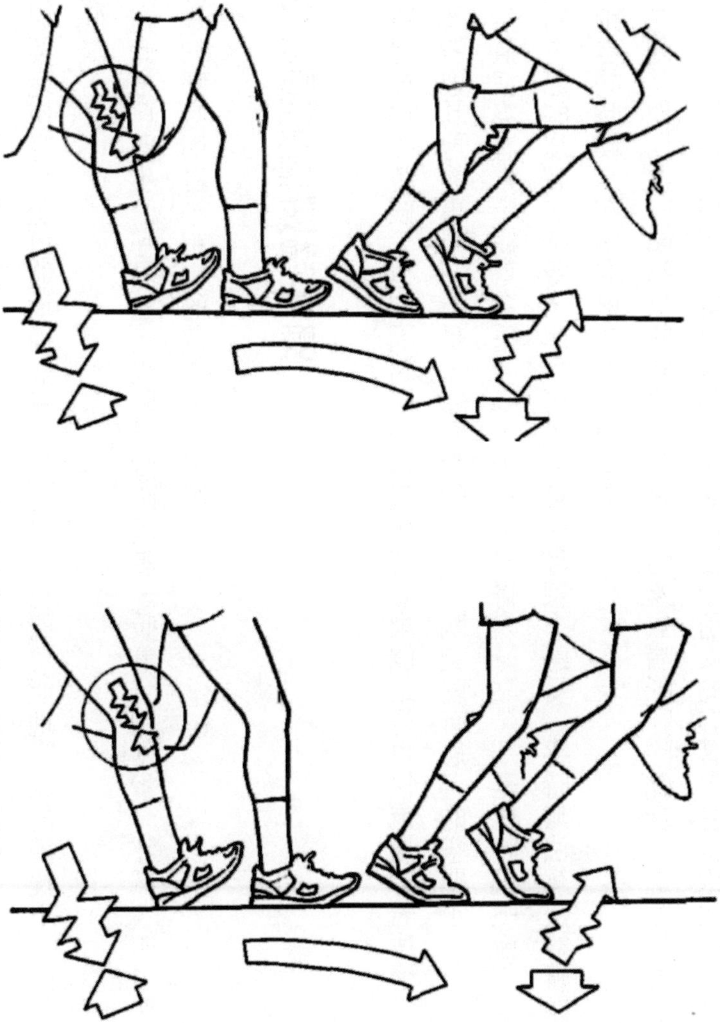

圖 19　用腳部軟著地

開嘴。其實如果了解了跑步的機理，這個問題就會迎刃而解，跑動中，身體需要氧氣，只要能使身體儘可能地攝取氧氣就可以。在儘可能地吸氣的前提下，也要儘可能地吐氣。

在此推薦四步一呼吸法，也就是說跑兩步一吸氣，跑兩步一呼氣。如果保持一個良好的呼吸節奏，跑步的效率就會提高。

跑步時腦袋應該想什麼

跑得很快的時候，也許因為腦袋裡只想著怎麼能跑得更快或只想著疲勞，可能來不及考慮其他的事情。但是，在慢跑的時候，腦袋就有思考的空間了。

空氣涼爽宜人，樹葉多采多姿，步子再邁得大一點。凡是能映入眼簾的景色，不僅用自己的皮膚去感受，而且可以用整個身體來感受。平時無法解決的難題，也許在跑步的時候，在腦海會突然出現答案。

在同其他朋友一起跑步的時候，會聽到跑友氣喘吁吁的聲音，這會打亂自己的跑步節奏。這時應該想到自己的跑步節奏不要受別人的影響。在長跑比賽的時候，

當聽到觀眾為自己加油時，腦海中應該出現跑完全程的景象。總之，在跑步的時候，腦海中應時刻使自己放鬆，鼓勵自己輕鬆、愉快地跑完全程。

選擇適宜的步長與步頻

有句成語叫大步流星，是形容人跑或走得很快。從跑步科學的角度來講，大步只是代表步子大，或是指運動者的動作幅度大，但並不意味著跑得快。只有步頻快、步子大的跑者，才能總是保持快速地跑。所以說，保持一定的步長與步頻，是跑步比賽取勝的關鍵。

世界上優秀的跑步選手大約每分鐘能跑二百步，大約三百公尺。有些跑步愛好者為了提高跑的速度，一味地加大自己的步幅，其實這是不對的。在跑的當中一定要選擇適合自己的步幅，如果步子邁得太大，會很容易產生疲勞，反而會事倍功半。所以，一般來講，如果想在長跑比賽當中取得好成績的話，最好步幅稍微短一些，加大步頻。在比賽的後半程疲勞的時候，步幅會自然地減短，但只要保持一定的步頻，跑的速度就不會減慢很多，會取得好的成績。

跑步也需「因地制宜」

◎在馬路和人行道上跑

馬路雖然有地面很硬的缺點，但是，道路大多很平坦，很容易進行跑步鍛鍊。在選擇馬路的時候，盡量不要選擇交通信號多的主要幹道，應該選擇居民小區等信號少的路。可是在大城市，不僅汽車很多，自行車也非常多，所以，從安全的角度上來考慮，就不應該選擇在馬路上跑了，應盡量選擇在人行道上跑步。

當然，在人行道上跑的時候，也會遇到紅綠燈。在等紅綠燈的時候，可以做一下呼吸調整，並且可以做一些伸展運動的練習。

◎在公園土路上跑

在馬路和人行道上跑，無論從空氣的新鮮度和安全性來講，都不是很理想。但是，在許多大城市，由於城市的發展，綠地逐漸減少，很難找到可供跑步鍛鍊的理

想綠地。在西方的許多大城市，除了發展城市建設以外，也是非常重視公園綠地的建設。比如在東京、紐約這樣寸土寸金的大城市的市中心，就有代代木公園和中央公園等面積大、免費開放、綠樹成蔭、供跑步愛好者使用的公園。在我國的大城市裡，如果能找到跑步鍛鍊的公園，那真是再好不過了。

土路的特點是變化性強，上坡下坡很多，所以比較消耗體力。但這正是鍛鍊體能的好機會。

有些鍛鍊者喜歡一邊聽隨身聽一邊跑，但我認為最好不要這樣做。因為在公園裡跑是一個體會跑步樂趣、檢驗跑步姿勢正確與否的好機會。大家應利用這個機會，好好地體會一下自己的步子，腳的落地姿勢和擺臂姿勢，提高跑步效率。

◎在操場上跑

跑步愛好者可能最不喜歡去操場鍛鍊吧。許多人認為在操場一圈一圈地跑步枯燥無味。現在許多大型體育場的塑膠跑道對外開放。許多大學甚至中小學的操場也鋪建成了塑膠跑道。這無疑是所有跑步愛好者的福音。但是，光有好的場地還是不行，還是需要科學的跑步鍛鍊法。

表4　400公尺與1公里跑的節奏換算表

400公尺的時間節奏	1公里的節奏
1分36秒	4分
1分48秒	4分30秒
2分	5分（12公里／小時）
2分12秒	5分30秒
2分24秒	6分（10公里／小時）
2分36秒	6分30秒
2分48秒	7分
3分	7分30秒（8公里／小時）
3分12秒	8分

大多數跑步愛好者喜歡用圈數草草地衡量跑步的質和量，這是遠遠不夠的，還應該計算每圈的時間節奏，即用了幾分鐘跑完了一圈（參照表4）。比如用三分鐘跑了四百公尺，那麼，就是時速八公里（七分三十秒／公里）。

為什麼要強調時間節奏的重要性呢？這是因為只有保持一定的節奏，才能達到減肥、強身的作用。在操場的直道跑的時候，可以加快速度和步長。但注意不要加速過快。

◎在林間和水邊跑

跑步愛好者最終還是渴望親近大自然。在水邊跑步不僅空氣新鮮，而且寧靜的湖水會使人忘卻工作、學習所帶來的壓力與煩惱。雖然在有水的地方跑步，可以給人以涼爽的感覺，但是，炎熱的夏天在海邊跑步，幾乎沒有遮陽的地方，應當防止中暑的危險。

在林間跑步可以說一年四季都可獲益。春天的林間，空氣柔和，四周嫩綠；夏天的林間，涼爽宜人；秋天的林間，紅葉豐滿；冬天的林間，落葉遍地，柔軟無比。在林間跑步，春夏秋冬都是適宜鍛鍊的。

◎通勤跑

上下班一定要擠公共汽車嗎？可能對於跑步愛好者來說沒有這個必要。跑步愛好者完全可以跑步往返自己的工作單位和居住地，充分利用這段時間進行鍛鍊。一塊毛巾，一套合適的運動服，懷揣零錢，就可以開始跑了。也許跑步所用的時間經常比乘公共汽車所用的時間還要短。

但通勤跑要注意以下幾點：

①攜帶的物品儘可能輕；

②選擇多樣的路線；

③選擇捷運和公共汽車沿線跑（如遇到身體狀態不好的時候，可以馬上乘坐捷運和公共汽車）；

④穿厚鞋墊的鞋慢慢跑；

⑤跑步的沿線要有洗手間；

⑥雨天的時候，穿厚一點的襪子；

⑦冬天跑的時候要帶上手套；

⑧夏天跑的時候最好戴一頂有帽檐的帽子，防止太陽光的直射。

◎在家中的小屋裡跑

聽起來在家裡跑是不可思議的。根據有吉正博的研究，在六平方公尺左右的房間裡進行二十分鐘的跑步，就可以達到百分之七十的最大吸氧量。而且在室內跑的時候，主觀運動強度要比在室內騎健身自行車輕鬆許多。雖然在室內跑，沒有景觀的變化，自由度也受限制，但是，對於那些忙於家務和在家照顧孩子的人來講，是非常寶貴的。

在天氣不好的時候，不用放棄跑步的機會，可以用室內跑來彌補。

◎負重跑

提起負重跑，許多人認為就是帶著重物跑，會很快使鍛鍊者提高身體素質。如果卸掉重物，就會步履輕盈，跑得更快。這是對負重跑的一種誤解。比如，有些愛好者喜歡手提啞鈴，或腿綁沙袋進行跑步鍛鍊。我覺得這並不一定是一種提高跑步水準的好方法。手提啞鈴會對上肢增加負荷，影響擺臂的姿勢，而且很容易馬上造成上肢疲勞，影響保持正確的擺臂姿勢。

在腿上綁沙袋，會對大腿和腰產生負擔，影響擺腿的動作。如果腰部的力量不是很強的話，還有可能對腰部造成損傷。所以，負重跑對於剛剛參加跑步鍛鍊的人來講，並不是一種行之有效的好方法。請記住跑步的效果的好壞，是與跑步的姿勢和心率的次數有直接的關係，這才是跑步鍛鍊的核心。

◎坡路跑

在跑步鍛鍊的時候，不可能總是在平地上跑，經常會遇到坡路。遇到坡路的時候，不要認為坡路是跑步的障礙，而正是提高跑步水準的好機會。在上坡的時候，

首先應該減小步長，增加步頻。然後加大上體前傾度，加強擺臂。在下坡的時候，應該加大步長。但是，如果過大地加大步長，就會打亂跑步的節奏。

此外，加大步長，對地面的衝擊力也會相應地增大，也很容易使動作變形。所以，在下坡跑的時候，要注意全身放鬆和身體的平衡，動作要柔軟流暢。無論是上坡或下坡，都不要對自己勉強。剛開始的時候，如果覺得上坡跑太困難，可以採用走的方式。下坡的時候，在掌握好平衡的基礎上，加大步長。

制定跑步鍛鍊計劃因人而異

跑步鍛鍊計劃是根據每個人的時間表和具體的情況因人而異的。一般一週能保持三次以上的鍛鍊為佳。對於有一定經驗的跑步愛好者來講，跑上五公里基本沒有問題。表5是針對有一定經驗的跑步愛好者而制定的練習表，供參考。

◎合理的跑步路線會使鍛鍊不那麼枯燥

跑步鍛鍊和其他體育項目，諸如足球、籃球、排球相比，顯得枯燥一些。但是

表5

	跑步次數／每週	內容	要點
每週三次	星期一	休息	消除週末的疲勞
	星期二	休息	早晨散步
	星期三	5公里跑	工作結束之後跑
	星期四	休息	一邊工作一邊做伸展運動
	星期五	休息	調整身體
	星期六	30分鐘（5公里）跑	注意不要跑得過快
	星期日	10公里跑	沒有時間限制儘量慢跑
每週四次	星期一	休息	積極地休息
	星期二	30分鐘（5公里）跑	早起後的30分鐘跑
	星期三	休息	淋浴後全身的伸展運動
	星期四	5公里跑	後半程時，狀態加強
	星期五	休息	調整
	星期六	8公里跑	多跑3公里
	星期日	10公里LSD	慢跑
每週五次	星期一	休息	完全休息
	星期二	30分鐘（5公里）跑	早起後的30分鐘跑
	星期三	5公里跑	後半程時，狀態加強
	星期四	40公鐘（7公里）跑	工作之後的40分鐘跑
	星期五	休息	積極地休息
	星期六	8公里跑	多跑3公里
	星期日	80～90分鐘LSD	長距離慢跑，向60分鐘挑戰

註：LSD意為長距離的慢跑

我們可以運用各種方法使它變得有趣。

根據調查：有百分之六十四的跑步愛好者喜歡在馬路上鍛鍊。但是，對於跑步經驗豐富的愛好者來說，則會選擇不同的路線。前面已經提過了在各種路線跑的技巧。所以，鍛鍊者應根據自己的鍛鍊計劃的要求選擇不同的路線。如果今天是在馬路上跑，那麼，明天就選擇在草坪上等對膝關節衝擊小的場地上跑。如果想掌握或了解自己的跑步節奏和計算步頻的話，可以選擇四百公尺或二百公尺運動場上跑。

總之，不同場地都有其長處和短處，在跑之前，一定要把鍛鍊的計劃和場地的選擇與自己的環境條件相結合起來，才能制定出最佳方案。

◎跑步鍛鍊的最佳時間

一般來講，飯後二～三小時，是跑步的最佳時間。如果飯後馬上就開始跑步的話，非但不能幫腸胃消化食物，反而對腸胃的功能有不良的影響。如果飯後間隔時間太長，肚子很空，在饑餓的狀態下，不利於鍛鍊。也就是說，上午的十點鐘和下午的三點鐘是理想的時間。當然每個人都有自己的時間表，在其他的時間也可以進行跑步鍛鍊。

有很多的人喜歡晨練，這固然是個好習慣。但是，在晨練的時候，有很多注意事項。對於中年人來講，早上起床之後，馬上進行大強度的體育鍛鍊，很容易造成腦出血、心肌梗塞，引起死亡。所以，早晨可以做一些慢跑或走路的練習，應該盡量避免大運動量的體育鍛鍊。

此外，早起之後，人處在空腹的狀態，處於脫水的臨界狀態，因此在晨練以前，首先應該補充一些水分。也有許多人喜歡在睡覺以前跑步，認為跑完之後可以美美地睡個覺，其實不然，如果睡覺以前跑步鍛鍊的話，很容易使神經系統興奮，反而難以入睡。所以，最好不要在臨睡前跑步鍛鍊。

◎計算每週、每月跑步總距離

計算每週和每月跑步總距離的跑步愛好者並不多。正確地記錄下每次鍛鍊的跑步距離，可以使鍛鍊者掌握每週、每月甚至每年的長跑量，對制定合理的跑步計劃有重要的作用。此外，每週和每月的長跑量與長跑比賽中的跑完全程跑的機率有著直接的關係。每月長跑量多的鍛鍊者在比賽中，中途不會停下來走，跑完全程的機率要比量少的人大得多。

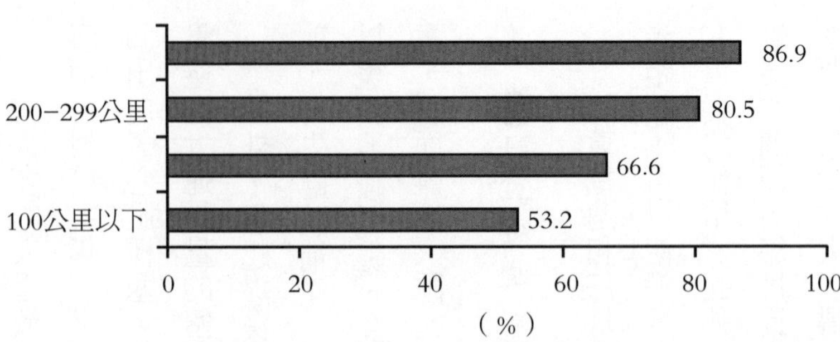

圖 20　每月跑的總距離和跑完全程機率的關係（有吉正博，1987）

圖20是每月跑的距離和完全跑下全程率的圖例。我們可以看出，每月跑不到一百公里跑的鍛鍊者的跑完全程的幾率僅為百分之五十三，而每月跑三百公里以上的為百分之八十七。

這個例子並不是讓大家每月跑三百公里以上，而是由這個例子使大家了解計算每月的跑量的重要性。

◎設定跑步節奏

跑步愛好者在有了幾年的「跑齡」之後，就會想到參加業餘長跑比賽，檢驗一下長跑的水準。首次參加長跑比賽的時候，剛一起跑，很多人就會衝到前面。這樣就很自然帶動了跑步的節奏，這時如果在平時跑步鍛鍊當中沒有很好地注意節奏跑的話，自己的節奏則很容易被打亂，造成前半程大量消耗體力，不能很好地保持好的狀態跑完全程。

表6

平日跑步鍛鍊的節奏	目標時間
7～8分鐘／每公里30～40分鐘跑	10公里1小時10~20分
6～7分鐘／每公里30～40分鐘跑	10公里1小時10分
5～6分鐘／每公里	10公里50～60分
5分鐘左右／每公里	10公里45～50分
4分鐘左右／每公里	10公里40～45分

在操場上鍛鍊的時候，也會遇到類似的情況。自己在跑的時候，經常會有人從後面超過自己。這樣會在一定程度上刺激跑步者的情緒。有時會問自己，我是不是跑得太慢，別人怎麼都能超我。其實沒有必要這樣擔心。如果在跑前，設定了跑的節奏，按照自己的節奏跑就不會受別人的影響。比如要想用五十分鐘跑完十公里，每分鐘就要跑完一公里（請參照表6）。

當然，無論用什麼樣的節奏跑，都應該按照自己的身體條件來制定，切不可強求。

◎掌握多種節奏跑

節奏跑是指保持一定跑速的跑。在鍛鍊的時候有多種練習的方法。節奏跑的練習，沒有必要跑很長的距離，從中距離跑開始為佳。

首先可以先進行一公里跑的練習，反覆二～三回。

不可跑得太快，按照自己設定的跑速和節奏練習。節奏跑之間休息的時間為五～十分鐘。經過五～十分鐘充分的休息之後，再進行下一個節奏跑的練習。

當然根據練習的具體情況，設定的跑速和節奏可以上下調整。還可以做前半型的節奏跑，也就是第一個一公里跑速快一些，第二個和第三個慢一些。或者是後半型節奏跑，也就是第一個一公里跑速慢一些，第二個和第三個快一些。或者變化型節奏跑，也就是第一個一公里跑速快一些，第二個跑放鬆些，第三個恢復到和第一個跑速一樣。表7、8提供了節奏跑的實例和節奏跑的種類與跑法。

◎間歇跑的威力

除了節奏跑以外，短距離的反覆跑也是有效提高跑步水準的方法。這也就是間歇跑的定義。根據有吉正博的研究調查證明，參加長跑比賽的人當中有百分之三十八的人定期利用間歇跑來強化跑速，可見間歇跑的重要性。

最常用的是利用坡路和馬路進行間歇跑的練習，但是，需要比較強的下肢力量。我們推薦大家利用平坦的操場進行間歇跑的練習。間歇跑的距離不應該太長，基本上保持在二百～六百公尺之間。

表7 節奏跑實例

內容	節奏的設定
1公里節奏跑——3～5回	10公里60分鐘爲目標：每公里應該6分鐘，節奏跑之間的休息時間爲5～10分鐘。
2公里節奏跑——2～3回	儘可能保持同樣的跑速跑完全程，節奏跑之間的休息時間爲8～10分鐘。
5公里節奏跑——1回	以參加比賽目標，但是要比參加比賽的跑速要慢，注意每公里要檢查自己的跑速。

表8 節奏跑的類型

內容	節奏的設定
穩定型節奏跑	保持一定的速度 比如1公里以5分鐘爲節奏，2公里10分鐘。
前半型的節奏跑	前半程加快速度 比如第一個1公里以5分鐘爲節奏，後兩個1公里以6分鐘爲節奏。
後半型的節奏跑	後半程加快速度 比如第一個1公里以6分鐘爲節奏，後兩公里以5分鐘爲節奏。
變化型的節奏跑	前1公里加快跑步節奏，中間的1公里減速，最後的1公里加速。 比如第一個1公里以5分鐘爲節奏，第二個1公里以6分鐘爲節奏，第三個1公里以5分鐘爲節奏。

註：以3公里爲例。

表9

第一種	200公尺跑60秒+100公尺步行60秒　8～10組
第二種	300公尺快跑80～90秒+100公尺步行60秒　8～10組
第三種	400公尺快跑1分50秒~2分+200公尺慢跑和步行80～90秒　8～10組
第四種	500公尺跑2～2分30秒+500公尺慢跑3～4分　5～8組
第五種	1000公尺跑4～5分+500公尺慢跑3～4分　3～5組

有些人認為因為是短距離，所以就應該全力地跑，這是不正確的。正確的方法應該是幾組短距離跑，跑與跑之間的間歇時間要短。休息時間儘可能在九十～一百二十秒之間。在剛剛進行間歇跑的時候，有很多人不適應跑與跑之間的時間密度，這沒有關係，堅持練習，一定會逐漸適應間歇跑的。要參加比賽的人，可以從二百公尺的間歇跑開始練習過渡到一千公尺。表9是一個參考的實例。

◎短距離加速跑的練習不可少

大多數人認為跑步鍛鍊當中，沒有短距離跑的內容。其實短距離加速跑對提高跑步鍛鍊的水準和身體素質有著很大的作用。毫無疑問，長時間的跑步鍛鍊可以提高心肺的功能，但是，不足點是缺少對下肢肌肉和關節的強化練習。此外在長時間的跑步鍛鍊中，很少做拉開步幅跑的練習。這樣長時間下去，很容易造成動作僵硬、缺少流暢感。短距離加速跑的練習可以有效地解決以上的問題。

加速跑顧名思義，就是一點一點增加跑速。從跑的開始，逐漸擴大步長，每一步都應該認認真真對待，強調正確的跑步動作。但沒有必要變成全速跑。其用力標準是全速跑的百分之七十～百分之八十即可。還應該注意的是不要做急加速和急減速。可以設定一個長為二十～三十公尺的加速區和減速區，在加速區慢慢加速，直到達到百分之七十的跑速，然後用百分之七十的跑速跑十～二十步（大約是三十公尺），最後在減速區內慢慢減速，這就是成功加速跑的練習。跑步鍛鍊之後，可在一百公尺左右的平坦的廣場上，做三～五分鐘的加速跑練習。

◎計算鍛鍊時的最佳心率

有許多跑步愛好者認為跑步只要出汗，就能達到效果。其實並不是這樣。從科學的角度來講，跑動當中的每分鐘心率的次數直接影響鍛鍊的效果。也就是說，如果不能正確控制跑動中的最佳心率，整個鍛鍊的效果就會大打折扣。

跑步的最佳心率的計算方法是：（二二〇－年齡）×〇．七，這是人體脂肪燃

燒理想最佳心率。

例如，三十歲的跑步愛好者跑動中的最佳心率為（二二〇－三〇）×〇．七＝一三三次／分鐘。在測量自己的心率的時候，當然沒有必要測整整一分鐘的心率，可以測量十秒鐘或十五秒鐘的心率，再乘以六或四就能得到一分鐘的心率。

跑後的消除疲勞

◎鍛鍊後的消除疲勞

跑步鍛鍊之後，感覺到很疲勞，這是個正常現象。是不是馬上就應該吃飯，然後再睡一覺就能恢復體力呢？其實並不是這樣簡單。

跑後的恢復體力方法的正確與否，不僅對疲勞的消除程度有很大的影響，而且還可以對運動的損傷及預防起著很關鍵的作用。

比如，有很多跑步愛好者在跑後的第二天，感覺到渾身酸痛，有很多人認為這是肌肉受到損害的緣故。其實，這是因為乳酸在身體內堆積過多，沒有及時地被

「消耗」掉。為了防止乳酸在身體內堆積過多，疲勞恢復法起著很大的作用。

跑後消除疲勞法可分三個步驟（或三種方法），即跑後的五分鐘放鬆法、淋浴後的伸展體操法和按摩放鬆法。

跑後的五分鐘放鬆法

有很多跑步愛好者在跑完之後大汗淋淋，覺得心情舒暢。馬上想到的是先洗個澡，然後喝杯啤酒解解渴。這樣想還是為時過早。

跑完之後，首先要做的是整理運動，使身體逐漸地恢復。首先一邊調整呼吸，一邊做膝關節的伸展運動。在身體沒有完全冷卻的時候，可以慢走，然後到陰涼的地方做一做全身的伸展運動，如圖21所示。

在冬天的時候，跑完步之後，身體會馬上涼下來。所以，應該馬上穿上運動服，或者換上乾淨的汗衫。然後再漱漱口，最後做伸展練習。這樣做可以有效地防止跑後的感冒。一般來講，跑後的放鬆練習，沒有必要持續很長的時間，一般以五～六分鐘為宜。

圖 21-①

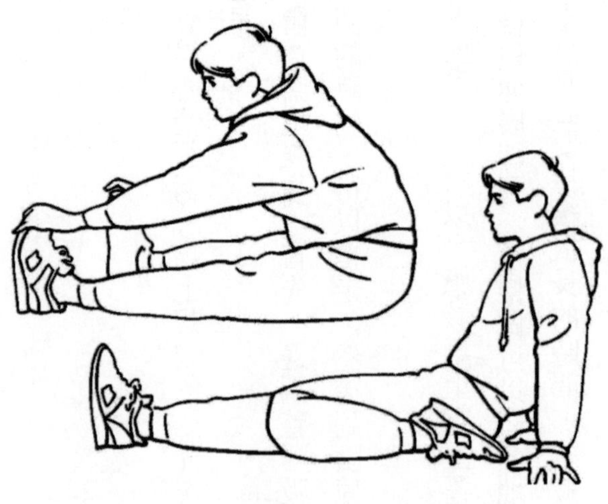

圖 21-②

淋浴後的伸展體操法

雖然淋浴可以把身上的汗水沖掉，使人感到有一種放鬆的感覺。但是，這並不能使身體完全恢復疲勞。如果在淋浴以後，再做一些輔助性的伸展體操，就會起很大的疲勞恢復效果。這裡簡單介紹一下四種伸展體操（詳見圖22）。

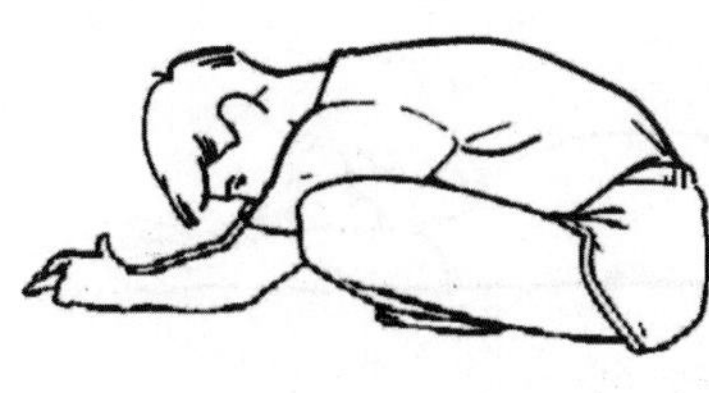

圖 22-①

圖 22-②

圖 22-③

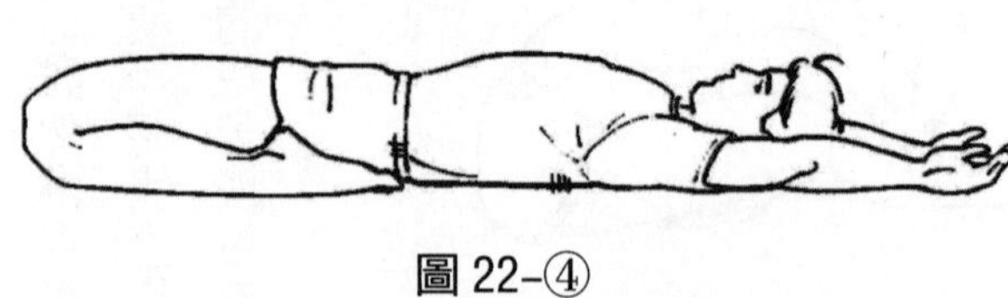

圖 22-④

①兩腿成盤坐狀態，然後上身緩慢地向前伸展。這個動作可以使大腿內側、後背和腰得到伸展。

②接著還是保持坐的姿勢，兩腿向前伸展，兩腳趾朝上。兩手盡量接觸兩腳趾。剛開始做的時候也許雙手很難接觸到腳趾，這時不要著急，無論雙手能不能接觸到兩腳，只要盡了全力就可以。這個動作儘可能保持三十秒左右。

③然後兩腿左右分開，兩腳朝上，上身向前，做伸展運動，左右交替重複伸展運動，其要點是兩腿儘可能大地左右分開，伸展運動應該持續三十秒左右。

④最後，身體成跪的姿勢，上身緩慢地向後伸展，如果上身能完全著地，是最好的。但是，有很多人覺得這個動作很難，而且兩腿伴隨著有疼痛的感覺。這沒有關係，不要勉強，如果上身不能很好地著地，可以在腰部墊上柔軟的坐墊。該動作也應該持續三十秒左右。

以上的四個伸展運動，不僅對解除疲勞有著很好的促進作

用，而且還是預防腰痛的好方法。

按摩放鬆法

用手掌對腿部的大肌肉群進行按摩，有消除疲勞的作用。如果要自我按摩，可用手掌對小腿的後部和膝關節周圍，做揉和推擦的按摩，然後可用手指擠壓腿部的穴位。如果能找到人按摩，那最理想不過了。

首先，身體成俯臥的姿勢。先從疲勞的腳的末梢部開始，向心臟的方向推擦。然後可結合揉搓和叩打的方法。大腿部位按摩完了之後，可以進行臀部的按摩。用手掌拍打和按揉臀大肌，再結合拳頭的輕捶和穴位的按摩。接著，從腰部轉移到背部。主要用手指對脊椎兩側的背肌進行擠壓，但力量不可太大。力度以被按摩者感到舒服為佳。最後，可對肩部和上肢進行按摩。跑步鍛鍊之後，不僅是腿部感到疲勞，上肢也常常會感到疲勞。

◎比賽後的消除疲勞

參加跑步比賽，固然可以提高跑步者的跑步熱情，提高跑步的興趣。但是，跑

表10

星期	內容	要點
星期日	10公里跑比賽	第一次參加比賽比較滿足
星期一	散步和伸展運動	儘量做下肢伸展運動，休息
星期二	散步和伸展運動	儘量做下肢伸展運動，休息
星期三	按摩	找專業按摩師
星期四	走步和小跑20分鐘	做輕微的活動，檢查身體狀況
星期五	完全休息	泡熱水澡
星期六	走步和小跑30分鐘	完全恢復

步比賽畢竟是強度比較大的運動，所以，跑完之後經常會感到膝關節疼痛，是很常見的事情。這時如果不注意對膝關節的保養，就很容易造成運動損傷。

因此，在比賽之後，就應該馬上投入消除疲勞的練習。衝到終點之後，很多跑步愛好者會沉浸在賽後的喜悅當中，這時不要忘記做一些輕微的膝關節伸展運動。比賽以後，如果條件許可的話，可泡一次溫泉，或洗一次溫水澡。這是最好的消除疲勞的方法。有很多跑步愛好者在賽後的第二天，在家中完全休息，不活動半步，沒有必要這樣做。可以出門買東西來代替散步。

賽後的一週可以用散步、伸展運動和小跑來消除疲勞。表10是跑後一週的消除疲勞計劃，可供跑步愛好者參考。

應用篇

健身房內的跑步鍛鍊

◎選好健身房

大部分的人對健身房或健身俱樂部並不是十分的了解，原因多半是不了解健身房裡到底有什麼樣的健身器材；健身器材的使用方法及各種運動的性質和成效。我們經常可以在電視中看到有關健身俱樂部的報導。電視畫面上經常是一名健美操教練，在前面領操，她（他）的身後有數十名學員一邊模仿教練的動作，一邊跟隨著音樂跳健美操。所以，很多人會誤解健身房只是個跳健美操的地方。還有人認為健身房是練肌肉塊的好地方。這些都是對健身房的片面的理解。但是，很少有人會想到利用健身房還可以進行跑步鍛鍊。

一般來說，健身房內的運動形式可分為兩種：無氧運動和有氧運動。

無氧運動是指身體在沒有氧氣補給的情況下運動肌肉，例如，力量訓練或仰臥起坐等即屬於無氧運動，其主要效用在訓練肌力，至於後者，則是活動時身體必須

積極吸氣的運動，慢跑、踩腳踏車或有氧舞蹈都是有氧運動。健身房內的無氧器械包括啞鈴、槓鈴、組合力量機械等，有氧器械包括跑步機、登山機、背式自行車、立式自行車、划船機、自由漫步機等。合理地運用有氧器械除了可以訓練心肺外，還可以消耗體內多餘的脂肪。

從來沒有到過健身房的人，在選擇健身房時千萬不要被廣告所迷惑，不能只聽廣告或推銷員推銷就購買會員證，一定得堅持實地參觀、實際操作器材，最好有一天的體驗鍛鍊，由一天的體驗，再綜合本身需要和健身房的優、缺點做整體評估，才不會因一時衝動而白花錢。對於有健身習慣的人而言，正確選擇健身房可從硬體和軟體兩方面著手。

硬體

①地理方位

首先應該考慮健身房的地理位置與自己的工作單位和住所的遠近。最好選擇與工作單位和住所近的健身房。這樣不必花費太多的交通時間。

②空間採光和空氣流通

由於健身房也屬於公共場所，因此，空間安排很重要。如果通風設備不完善，就會妨礙空氣流通，反而影響健身效果。

充足的光線、寬敞的空間與新鮮的空氣，能使你的健身效果加倍，這無疑是評估健身房的重要指數。

③使用者的人數和擁擠程度

如果健身房每天的使用人數太多，鍛鍊者就沒有充足的空間鍛鍊。人多會造成人與人身體接觸的機率增大，產生互相碰撞，甚至有可能造成傷害。人多還會使室內變得很嘈雜，室溫上升，鍛鍊者不能在安靜的環境中鍛鍊。鍛鍊者的情緒也會大打折扣。

④健身器材的狀況

應該首先了解跑步鍛鍊器材的臺數和使用頻率，例如跑步機、階梯器與腳踏車等基本配套設施。

如果跑步鍛鍊器材的數量太少而且使用頻率高的話，就有可能在想用這些器材的時候，因為使用的人數太多，無法利用這些器材。造成沒有必要的時間的浪費。

力量訓練器材則必須具備乾淨、功能正常等條件。

軟體

健身器材是健身房的硬體，健身教練則是不可或缺的軟體。一位好教練有助於你儘快達到理想的預期效果，對初級健身者更有安撫作用，因此，非慎選不可。

①教練執照不可少

目前健身界也開始提倡執照制度，因此，在選擇健身房時最好注意教練是否有專業背景，是否取得執照，可為自身安全多添一份保障。

②健身前完整評估

為了減少意外發生的機率，健身前健康俱樂部都必須做完整的健康狀況評估。內容包括：健康問卷調查，包括血壓測量、心臟功能與骨骼形態測試等，是否抽煙、情緒狀況與家族病史等個人生活細節也不能忽略。

可以說每一個健康俱樂部，都有自己的一套為第一次參加健身鍛鍊的人的評估方法，為了使大家對健康評估有一定了解，我們在本書附錄當中提供了一份某健身俱樂部對第一次參加健身鍛鍊的人的評估表，供大家參考。

③個人的健身計劃

在進行上述測試後，通常一位教練還會根據你的身體條件，與你面對面訂一份適合個人的健身計劃。總之，惟有專業細心、考慮周詳的健身教練，配合功能良好的健身器材，才能確保你擁有兼具效率和健康的健身房之旅。

◎跑步健身器材的選擇

跑步健身的器材有許多種，比如跑步機、登山機、背式自行車、立式自行車、划船機、自由漫步機等。那麼，究竟應該選擇哪一種呢?跑步機和立式自行車是最為理想的跑步鍛鍊器材。其主要優點在於：選擇空間大。

跑步機是像傳送帶一樣的機器，傳送帶的速度可以自由調整，人們在上面可進行跑步鍛鍊。跑步機傳送帶的速度可以在人的步行的速度到一百公尺衝刺的速度之間調整。

立式自行車和普通自行車大致一樣，最大的不同就是蹬立式自行車時，腳踏板的對抗力大小可以調整。對抗力大的話，就像在進行上坡跑運動。對抗力小就像在進行下坡跑運動。所以，跑步機和立式自行車適宜各種層次的跑步愛好者的需要。

簡單易學

在跑步機上跑步和騎立式自行車，沒有任何的難度，只要設定自己的跑步速度和強度，就能開始鍛鍊了。經常有中年以上的人說願意跳健美操，雖然也是有氧運動，但是，我認為並不適合他們。原因在於有些動作對於他們來講，可能太複雜，無法跟上健美操的節奏。所以，向他們推薦用跑步機和立式自行車進行有氧運動。

安全性高

因為跑步機可以自由調整速度和控制跑速，所以，可以逐漸增加跑的速度。這樣可以使心肺有足夠的時間適應跑步鍛鍊的強度。此外，跑步機是個沒有坡度的機器，也就是人可以在沒有坡度的情況下跑步，所以，對腿部的肌肉力量的要求並不是很高，可以減少腿部肌肉拉傷的危險度。而登山機則要求心肺和大腿肌肉的力量很高。不適合中年以上和腿部肌肉弱的鍛鍊者。

在用跑步機鍛鍊的時候，如果感到突然不適，還可以馬上中止運動。

◎跑步鍛鍊後的輔助練習

在健身房還有其他的健身器材。這些健身器材可以作為跑後輔助練習的器材。比如啞鈴、槓鈴、組合力量訓練器等。這些器材都可以作為跑後肌肉輔助練習的方式。做肌肉輔助練習的時候，應該注意次數和練習之間的間隔時間。每一項的練習次數應該保持三次。因為是要做有氧運動，所以，每次每項的動作應該重複十五次左右。練習之間的間隔時間應該保持在九十秒以內。如果間隔時間太長，就起不了有氧的作用。

經常在健身房看到這樣的情景，幾個人在一起做肌肉鍛鍊，但是，他們在做完每組之後，就開始講話，一講就是五分鐘左右。其實這樣做根本起不到肌肉鍛鍊的作用。所以，次數和練習之間的間隔時間影響著肌肉輔助練習的效果。

◎制定訓練計劃

找到了稱心如意的健身房，就可以充分利用健身房內的器材進行跑步鍛鍊了。因為每個人的情況不同，所以，這裡就不能一一列出鍛鍊計劃。跑步愛好者可以與

健身俱樂部的教練商量，制定出適合自己的鍛鍊計劃。

下面列出一個兩小時的跑步鍛鍊的常用計劃，供大家參考。

▲準備活動，主要做一些全身伸展運動。十分鐘。

▲跑步機或立式自行車，強度根據個人情況不同調整。二十五分鐘。

▲利用啞鈴組合力量訓練器做擴胸的練習十五次×三組，主要鍛鍊胸大肌。六～十分鐘。

▲利用組合力量訓練器做背闊肌的練習十五次×三組，主要鍛鍊背部肌肉。六～十分鐘。

▲利用組合力量訓練器做大腿向前伸展的練習十五次×三組，主要鍛鍊大腿四頭肌。六～十分鐘。

▲利用組合力量訓練器做大腿屈伸的練習十五次×三組，主要鍛鍊大腿後側肌肉。六～十分鐘。

▲做仰臥起坐的練習十五次×三組，主要鍛鍊腹部肌肉。六～十分鐘。

▲利用啞鈴做上肢向上的伸展的練習十五次×三組，主要鍛鍊前臂的肌肉群。六～十分鐘。

▲整理運動二十五分鐘。

業餘長跑比賽

多年堅持跑步鍛鍊的人，很自然地想參加長跑比賽來檢驗一下自己的長跑實力。長跑比賽的種類有很多，有自己單位組織的、學校組織的，還有由地區和城市組織的。有些人只是想參與，但還有一部分想取得好成績。那麼，我們來談一下，怎樣才能更好地參加業餘長跑比賽，從中獲得最大的益處。

◎賽前注意事項

經常出現的情況是越臨近比賽越緊張，有些人為此增加了鍛鍊的次數，有些人增加了營養。其實這些臨戰的策略都是沒有必要的。有句成語「臨陣磨槍，不快也光」，在這裡是根本行不通的。

很多長跑愛好者做「臨陣磨槍」的練習，結果是適得其反，把自己搞得筋疲力盡。反而沒有具備一個好的精神狀態去參加跑步比賽。

表11

星期	內容	要點
星期五	慢跑 20 分鐘和全身伸展運動	調整身體狀態
星期六	慢跑 15 分鐘和 5 公里節奏跑	模擬比賽的節奏
星期日	LSD50～60 分鐘跑	不要跑得太多和太快
星期一	休　息	消除週末的疲勞
星期二	散步和全身伸展運動	足夠的睡眠
星期三	慢跑 15 分鐘和 2 公里的節奏跑	比賽的節奏確認
星期四	休　息	儲存能量
星期五	慢跑 20 分鐘和全身伸展運動	模擬賽前的準備活動
星期六	步行和慢跑 20 分鐘	不要跑得太多和太快
星期日	比　賽	最佳狀態迎接比賽

對於參加業餘比賽經驗少的人來講，比賽前增加練習的次數，倒不如減少練習的次數，以保持體力。還有一些人在比賽前根本就不鍛鍊的。完全地休息，競技狀態也不會增加。所以，在比賽前適當的練習，使練習後的第二天不感到疲勞為佳。

另外，比賽之前的抽煙和喝酒都會影響跑步水準的發揮。因此，一定要避免抽煙和喝酒。不管怎樣，賽前一定要睡好、吃好、休息好。保持一個最佳狀態參加比賽。

表11是提供一個比賽前十天的調整練習計劃，供大家參考。希望每個人都有一個最佳的狀態參加長跑比賽。

◎比賽用的運動服裝與運動鞋

多次參加比賽的長跑愛好者都會有專門的比賽服裝和運動鞋。第一次參加長跑比賽或只參加過幾次長跑比賽的長跑者的著裝都不是太正式，大多還是穿著平時鍛鍊的服裝和運動鞋。隨著參加比賽次數的增加，就會自然地對長跑服裝要求得越來越高。

業餘長跑比賽用的運動鞋應該比平時跑步鍛鍊的運動鞋的鞋底要薄和輕。當然沒有必要完全和一流運動員一樣，要最薄的運動鞋，選擇中間型為佳。其次，長跑比賽的跑速要比鍛鍊時的跑速快，對腳與地面的衝擊力和對鞋的摩擦也會加大，所以，腳上起泡的現象時有發生，應該選擇寬大的鞋。

比賽用的服裝應該選擇透氣性強的、質地柔軟的背心和短褲。如果穿上比賽用的背心和短褲，會大大增加比賽的慾望。另外，還要注意短褲的寬度，應該選擇寬大的運動短褲，以防短褲的下擺和大腿根部摩擦，產生腫脹。

在冬天比賽的時候，沒有必要一定要穿長跑背心，可以穿著T恤衫和長袖衫。另外，如果氣溫很低，可以戴上防寒手套。

最近，帶太陽鏡的長跑愛好者也逐漸增多。戴上太陽鏡可以使參加比賽的運動員集中精力。大家不妨試一試。

◎如何選擇業餘長跑比賽

由報紙、雜誌等新聞媒體了解長跑比賽的信息，應該詳細掌握比賽的時間、地點、比賽路線的特點、比賽當天的天氣情況、歷年參加人數、關門時間、參賽費用等。一般來講，五公里和十公里比賽占絕大部分。但有很多朋友問，究竟應該參加多少公里的比賽才算適合自己的水準。其實應該完全參考平時跑步練習的距離。如果身體條件好的情況下，應該是平時跑的二~三倍的距離為佳。

有很多人認為短距離比如五公里跑要比十公里跑或三十公里跑輕鬆。其實並不完全是這樣的。不同的公里跑都是各有其魅力的，所以，應該根據自己平時的練習情況選擇比賽的距離。

如果比賽地點離自己的住所不遠的話，可以在賽前確認一下比賽路線，熟悉路線，有助於合理分配自己的體力，最大範圍地發揮自己的水準。

參加業餘比賽還可以參考參加人數，參加人數多的比賽的缺點在於：出發時人

數很多，不太容易馬上擺脫長跑大軍，很容易打亂自己的跑步節奏。但是，人多並不是完全不好，可以給很多只是抱著參與目的的人帶來樂趣。大家可以一邊跑步，一邊互相鼓勵。所以，參賽人數也是選擇長跑比賽的一個重要標準。

第一次參加長跑比賽，應該避免在夏天參加比賽。因為夏天的天氣炎熱，是非常消耗體力的。會很容易造成身體不適或難以應對暑熱的狀況。所以，第一次參加比賽應該選擇涼爽的時候，輕輕鬆鬆地參加比賽，給自己留下一個好的比賽印象，以便激發自己參加下一次比賽。

另外，第一次參加比賽，還應該選擇坡路少，平坦的比賽路線，因為坡路太多的比賽路線，不容易掌握比賽的節奏，很容易產生疲勞，應該盡量迴避有坡路的長跑比賽路線。

◎比賽當天的準備

在比賽的當天，大多數參賽者都會早起。還有些人會有賽前緊張的症狀，這是正常的現象。

不管怎樣，馬上就要比賽了，把所有的緊張的事情都要忘掉。如果能在早餐以前散散步，可以有效地調整緊張的情緒。大約在賽前兩小時應該吃完早飯（或午飯，如果比賽是在下午）。例如，比賽如果是早晨十點開始的話，大約就應該從七點或七點半開始吃早飯。不要忘記補充充足的水分。從家出發的時候，最好上一下廁所。因為比賽地點的廁所也許離起點較遠，或在比賽前上廁所的人太多。如果到比賽地點的時間太晚的話，也許就沒有上廁所的時間。所以，一定要有充足的時間到比賽的賽場，基本上要提前一個小時到達比賽的現場。

到了比賽現場之後，會因為比賽會場熱鬧的氣氛，馬上興奮起來。太早的興奮，對比賽是沒有好處的。為了穩定情緒，應該小憩一下，然後再開始做準備活動。通常在比賽前的二十～三十分鐘開始做準備活動。沒有必要毛毛躁躁地做準備活動，可以慢慢悠悠地走一走，然後再慢跑幾分鐘，做一做伸展運動。也沒有必要讓自己大汗淋漓。尤其是在炎熱的夏天，簡短、全面地做一下準備活動就可以了。

做準備活動的時候，最好穿著平時跑步鍛鍊時候用的運動服裝和運動鞋。做完準備活動以後，再換上比賽用的服裝和運動鞋。同時為了保持體力，不要馬上就身著運動短褲和背心。在賽前的十～十五分鐘內身著運動短褲和背心為佳。千萬記住，不要忘記把比賽的號碼別在背心上！最後提前幾分鐘站到起跑的位置，感受一

下出發點的氣氛。

以下事例是比賽前的準備活動的基本程序，供大家參考。

九點：到達比賽現場，做短暫休息。

九點十五分：比賽報到，領取比賽號碼，在比賽會場四周散步，體會比賽的氣氛。

九點三十分：準備活動開始↓慢走和慢跑（五分鐘）↓伸展運動↓做幾個衝刺的練習（五分鐘）。

九點四十五分：換衣服、上廁所、慢慢走到比賽起點。

十點：比賽開始（心平氣和地出發，注意不要和他人碰撞，以防摔倒，安全第一）。

在比賽的當天，因為沒能早起，或交通堵塞等意外原因，不能按時到達比賽場地。無論是誰，都會有一兩次這種「倒霉」的經驗：到了場地以後，發現已經沒有時間做準備活動了。怎麼辦？應該放棄比賽嗎？答案是不行。因為為了參加比賽已經付出了很多的心血，如果在比賽前放棄比賽，那太可惜了。這時只有別好「跑號」，走向起點了，槍響之後，不要著急，慢慢地跑，把前半程作為比賽的準備活

表 12　10 公里跑訓練計劃

每月跑步的距離標準、目標和要點		
第一個月（10 月）	15公里	參考本書，週末跑 2～3 公里，走跑結合
第二個月（11 月）	20公里	週末 3～4 公里跑，注意速度不可太快
第三個月（12 月）	30公里	週末+1 天，每週跑 3 次。注意別跑得太多
第四個月（1 月）	30公里	45～60 分鐘 LSD 跑或模擬 10 公里（LSD）
第五個月（2 月）	40公里	每週跑 3 次。注意節奏跑、間歇跑和衝刺跑練習
第六個月（3 月）	40公里	可以模擬跑 10 公里，注意賽前的休息

動。到了後半程可以加速，說不定還會取得好成績呢！

◎十公里跑比賽的訓練計劃實例

本書中多次談到制定計劃的益處。制定出一個周密合理的計劃，可以使鍛鍊者按部就班地練習。對工作學習和鍛鍊都不會有消極的影響。要想參加十公里長跑比賽，不是僅僅鍛鍊一兩個月就能參加的。一般來講，要想參加十公里跑比賽，應該制定一個六個月的鍛鍊計劃。

這六個月大約可分導入期、鍛鍊期、成熟期和調整期（比賽期）。每期都有其不同的訓練內容和計劃。只有遵循訓練計劃，才能以最佳的競技水準、良好的精神狀態參加比賽。下面是一個實例——打算參加四月份的春季長跑比賽的十公里跑參賽前的六個

月的訓練計劃（表12）。希望大家能記住計劃當中的訓練量、目標和要點。

◎比賽前過於興奮怎麼辦

因為過於興奮在比賽當天不知所措的跑步愛好者大有人在。記得在我上中學的時候，每次參加比賽的前一天緊張得睡不著覺。比賽當天，到了比賽地點也不知所措。這些都是賽前過於興奮的表現。比賽的前夜如果睡不著也沒有問題。只要能安靜地躺在床上，就可以說是一種很好的休息。有些人因為緊張睡不著覺的時候，就去看電視。但是，看電視也會消耗體力的。當然更不能去打麻將了。

為了減少過於興奮給比賽帶來的消極影響，可以制定一個包括起床時間、早飯時間、交通方式、到達會場的時間、準備活動的時間和預計跑完全程的時間的時間表。有了時間表，就會使自己安心睡覺，第二天，按部就班地活動，可以給比賽帶來意想不到的效果，大家不妨試一試。

活動時間表

六點：起床　散步　做伸展運動

六點三十分：檢查比賽的服裝和報名卡

七點：早飯　慢慢地、平靜地進餐

七點三十分：從家出發

九點：到達會場　小憩片刻然後報到

九點三十分：準備活動開始　走跑和伸展運動相結合

九點四十五分：換衣服　上廁所走向比賽起點

十點：比賽開始　咬緊牙關比賽

十點××：衝到終點，享受親朋好友的喝采

十二點：和朋友一起慶賀一下

圖 23　安全第一

別喝得太多

十六點：回家

◎比賽出發時的注意事項

首先安全第一。因為在出發的槍響了之後運動員都會竭力向前跑，會造成擁擠，很容易摔倒，所以不要著急。注意不要與他人碰撞，安全地跑出起點。除了保持與其他運動員的身體距離以外，還要逐漸增加自己的跑步節奏。

在比賽出發的時候，自己的節奏很容易被其他運動員跑速打亂。因為人很多，不太可能保持一定方向跑，為了避免碰撞，有時會偏向左跑，有時會偏向右跑，有時會跑到人行道上。

為了保持自己的跑步的節奏，可在離起點三～五公里的時候，看一看手錶，確認一下自己的節奏，確認自己的跑步節奏是不是和預定的時間相符。

如果比預定的時間要快的話，就說明出發的時候跑得太快，應該馬上調整跑速。如果比預定的時間要慢的話，就說明跑速不是過快。就可以運用自己預先制定好的跑步戰術了。

◎比賽的戰術

業餘長跑比賽的戰術可分四個部分：從發令槍響之後開始的前半程戰術、中程戰術、後半程戰術和衝刺戰術。

從發令槍響之後開始的前半程戰術

比賽的起跑線的長度是有限的。能站在起跑線後面第一排的運動員大多都是專業運動員。長跑愛好者一般被分到後面幾排。所以，在發令槍響之後，想急於跑在前面是不太可能的。有些長跑愛好者為了能跑在前面，左繞繞，右繞繞，甚至跑到人行道上以便能繞過其他的運動員，這些方法都是沒有必要的。

比賽剛開始，因為四周的人太多，無法達到理想的跑的節奏，是常見的現象。在剛剛出發的時候，有很多運動員都會加速，從後面超過自己。沒有經驗的長跑愛好者，受他們的影響也會隨之加速，這樣做很容易打亂自己的跑步節奏。所以，無論有多少人超過自己，都不要慌張，應該沉著應對，只管讓他們超過自己，保持自己的節奏。總之，從發令槍響之後開始的前半程的戰術要點在於安全出發，不要太

在乎勝負，不受他人的影響，保持自己的節奏、體力和良好的競技狀態。

中程戰術

跑到二～三公里的時候，確認一下自己跑的節奏。如果發現自己的跑速和節奏太快的話，應該馬上調整跑速。這時可以做深呼吸，然後放鬆肩膀，看一看四周的景色，如果有供水站的話，應該馬上補充水分。在中程的時候，也不要太在意四周選手的跑速，保持自己的節奏。

總之，在中程的時候，呼吸的節奏不能亂，要放鬆，做快捷的跑。

後半程戰術

跑到後半程，或通過比賽的折返點後，就要馬上調整戰術了。這時最有可能出現的是，因為疲勞呼吸節奏被打亂，腿也出現邁不動的現象。最好的應對策略是：首先讓兩手下垂使上體放鬆，然後做二～三次的深呼吸，強調用力吐氣。兩步一吸氣，兩步一呼氣，也就是四步一呼的呼吸方法。在前半程也許被很多人超過，如果在後半程能夠一個個地超過對手，就說明前半程的戰術和體力分配得當。如果在後

半程一個對手也沒有超過的話，就說明體力的分配有失誤。

不管怎樣，進入後半程要咬緊牙關，堅持到底。進入後半程後的幾十分鐘，如果發現四周的對手沒有很大的變化，就說明這些人大致和自己處於同一水準。這時也許不甘心和他們一起跑向終點，應該保持原有的跑速和節奏，並且一點一點加速追逐前方的運動員。

如果追上了前方的運動員，要和他們並駕齊驅。首先緊貼在後面數分鐘，然後找準機會加速超過他們，直至聽不到他們的腳步聲為止。

在後半程的時候，會有後面運動員超過自己的現象，這時不能輕易讓他們超過自己。在他們和自己並肩的時候，勇敢地加速和他們競爭一下，這樣會有效地打亂對手的節奏，很有可能對手因為你的加速而放棄超你。

衝刺戰術

離終點還有二～三公里（馬拉松比賽則是五公里）的時候，就進入了最後的衝刺階段。在這時，大多數的參賽者都處於極度疲勞的狀態。腿也邁不動了，氣也喘不上。想放棄的長跑愛好者大有人在。如果放棄了比賽，會很可惜。自己已經付出

了很大的努力，再稍微加點油，就會到達終點。為了彌補腿部的無力、呼吸的困難，應該用力加大擺臂。

越接近比賽的終點，觀眾就會越多。在他們當中也許會有自己的親朋好友，他們的助威和觀眾的加油吶喊，無疑像興奮劑一樣會使自己堅持跑到終點。當能看到終點時，就說明終點近在咫尺。可以加大步長，並保持原有的速度跑到終點。

有很多運動員在看到終點時，會突然加速，這是非常危險的策略。因為這時大腿的肌肉已經處於極度疲勞的狀態，突然加速極有可能引起肌肉突然抽筋，甚至導致無法跑到終點。所以，在最後衝刺時，應保持好跑速的平衡，挺胸跑過終點。

◎供水站的使用

長距離大型的比賽都會在跑步的中途設置供水站。運動員應該充分利用供水站，防止自己在比賽中脫水的發生。在夏天比賽的時候，運動員應該在比賽前充分補充水分，在比賽進行當中，應該提早補充水分，如果感到口渴時再補充水分，則已是為時已晚。在供水站的飲料一般都是礦泉水或運動飲料。

跑到供水站時，停下來補充水分，可以作為一種休息的方法。還可以一邊跑一邊喝水，不占用很多跑步的時間，並且還可以保持跑的節奏。也可以喝一半，把剩下的一半澆在身上。如果在供水站還有浸水的海綿，那就再好不過了。可以把海綿裡的水，擠到頭部、頸部、大腿前部。

在冬天比賽的時候，身體也會失去很多水分，所以，也應該充分利用供水站。運動員還要注意在取水的時候，防止因為跑速太快、供水站人多擁擠、地面上有水等因素而導致摔倒的現象。

◎比賽結束後的樂趣

終於跑完了全程，就像一場夢一樣。自己也會感嘆自己能跑完全程。回想起在跑步途中的疲勞和筋疲力盡的情景，自己一點一點地克服，終於跑到終點也很有樂趣。跑到終點之後，作為身體的調整，可以向終點的方向走走，給還沒有跑到終點的人加油。

跑完之後不要馬上就回家，在終點的地方體會熱鬧喧囂的場景，即使平時沉默寡語的人，這時也會興奮無比。跑完之後，有很多跑友還要聚到一起，推杯換盞。這不但可以消除平時工作學習的精神壓力，還可以增強朋友間的友誼。

比賽的第二天，身體的肌肉會有些疼痛，這會喚起對比賽的回憶。至少在一個星期以內，還會快樂地回味比賽的樂趣。

◎加油！參加下一次比賽

比賽之後的一個星期，很多長跑愛好者，還會萌發出參加下一個比賽的念頭。如果參加了在家門口的比賽，還會有到外地參加比賽的慾望。這時候可以尋找比賽的信息，尋找適合自己的比賽，安排自己的行程。可以以旅遊加比賽的方式參加。比如可以到北京參加長跑比賽，帶領自己的全家到北京，除了參加比賽，還可以在比賽之前或之後旅遊一下。

參加跑步比賽的次數越多，越可以發現自己的不足之處。比如怎樣保持自己後半程有個充沛的體力，自己的跑步節奏不好，速度不足，腳上總起泡等。這些問題都可以由參加比賽暴露出來，並由參加比賽，找到解決的方案。但是，也不要急於解決太多的問題。每次比賽解決一到兩個問題，就是勝利。

針對問題，在平時跑步鍛鍊的時候著重改進。參加比賽之後，經常會感到好多人都比自己跑得快。針對自己速度不足，可以加強速度的練習。每週可以做一次節

奏跑的練習。還可以在慢跑之後，做幾個短距離衝刺的練習。

總之，只有透過比賽才能發現自己平時跑步當中存在的問題，努力改正缺點，加油！參加下一次比賽。

挑戰自我

掌握跑步的要點，堅持鍛鍊，參加長跑比賽，就會逐漸從跑步鍛鍊者發展為長跑愛好者，最後變成長跑家。成為長跑家之後，就不會只是滿足跑跑步，就要參加一下三五公里跑比賽了。胃口變得越來越大，很自然地就會想到參加不同形式的長跑比賽。下面介紹在長跑發達國家及我國，已經出現的其他多種長跑比賽的形式。雖然有些長跑的形式目前在我國還沒

有出現或普及，但是，我們相信隨著國力的增強和生活水準的提高，這些長跑的形式在不遠的將來，會在我國出現，而且會得到快速的普及。

◎跑騎相結合的鐵人兩項

鐵人兩項是指先跑步，然後騎自行車，最後再跑步的體育項目。一般來講，跑步的總長為五公里，騎自行車的距離為二十公里。鐵人兩項並不是單純的自行車比賽，而是把自行車和長跑結合起來的運動。在我國幾乎每個人都會騎自行車，似乎不成問題。但如果把跑和騎自行車結合起來，就要求比較高的身體素質了。尤其在最後五公里跑的時候，需要很大的毅力才能堅持下來。

◎水陸兩棲的鐵人三項

我國早在九〇年代初，就在海南島舉行了鐵人三項的比賽，它是由游泳、自行車和長跑組成。一般適合於業餘選手的距離為游泳一千五百公尺、自行車四十公里和十公里長跑。但是，根據比賽地點的不同和參賽水準的高低，鐵人三項的比賽長度可以靈活變化。鐵人三項已經變成長跑發達國家的長跑家，檢驗自己實力的最受

青睞的運動之一。鐵人三項樂趣無比，大家不妨組織一個小型的鐵人三項比賽，檢驗一下自己的耐力水平。

◎魅力無窮的十公里跑

鐵人兩項和鐵人三項似乎對那些耐力差的長跑愛好者來講，有些望塵莫及。在長跑發達國家，十公里跑是最有魅力的業餘長跑比賽。在美國等長跑發達國家，參加十公里長跑比賽的人數是最多的。三公里跑和五公里跑，因為距離短，往往給大家的感覺是很容易跑下來。

其實不然，距離很短會使長跑者過快，達不到鍛鍊的目的，反而覺得更疲勞，無法充分地體會長跑的樂趣。超過十公里跑，花費時間較長，會使長跑愛好者產生厭煩的情緒。而十公里跑所花費的時間不到一個小時，就像平時上班通勤跑的時間一樣，輕輕鬆鬆。基本上年輕人、老年人、男性、女性、跑得快的、跑得慢的，都可以參加。在美國，經常可以看到長跑愛好者，推著小孩車一起參加十公里跑的場

面。在美國參加人數最多的前十名長跑比賽中，八～十二公里跑占了七個。

◎賦予挑戰性的半程馬拉松和全程馬拉松

當你逐漸喜歡上跑步時，你會從開始的只能跑五分鐘、十分鐘到十五分鐘、二十分鐘，甚至跑一個小時也不滿足。這時你不再只想跑五公里或十公里，會自然而然地向二十公里，甚至向馬拉松挑戰。對長期從事長跑鍛鍊的人來講，跑下二十公里或馬拉松並不是一件非常難的事情。但是，怎樣能更有效地發揮身體的最大的潛力，跑下二十公里或馬拉松，卻不是件容易的事情。尤其對那些想進一步提高成績的長跑愛好者來講，更是不易。

有許多人認為非洲的黑人運動員要比其他人種跑得快。的確，非洲的黑人運動員的身體素質好。但是，二十公里或馬拉松是個複雜的過程。跑前的練習方法、跑前的營養、跑當中的策略、跑動中防止肌肉和關節損傷的對策、跑前和跑動中的補水措施等都是影響長跑成績的因素。忽視了哪一方面都不行。

國際長跑舞臺上的事實，早就證明了這一點。日本不但大眾的普及工作做得好，而且在世界長跑舞臺上占有非常重要的地位。日本人的身體素質並不比中國人

胡剛軍在 1997 年北京國際馬拉松破紀錄時的英姿

筆者（左）與胡剛軍（右）在破紀錄後的合影

好太多，但是，日本馬拉松多年來一直是在不斷地、快速地發展，並多次獲得世界重大比賽的好成績。這些都是與他們的科學訓練方法分不開的。

世界上每年都要舉行不同規模的馬拉松比賽。但是，馬拉松比賽早已經不只是全程馬拉松的比賽。大型的馬拉松比賽，除了全程馬拉松比賽以外，還有五公里、十公里、二十公里、半程馬拉松。

這些馬拉松的特點都是鼓勵大家參與，老少皆宜。像波士頓馬拉松的參加人數為一・七萬人；芝加哥馬拉松的參加人數為二萬人；洛杉磯馬拉松的參加人數是二・二萬人；夏威夷馬拉松的參加人數二・八萬人，而有二十餘年歷史的倫敦馬拉松，每年吸引著來自世界各地的三萬餘名業餘長跑愛好者。紐約城市馬拉松從一九七〇年的第一屆比賽的五十五名參賽者發展到現在的每年有三萬餘名長跑愛好者參加。日本的青梅馬拉松比賽也達到了一・五萬人。

這些馬拉松的特點是，不僅僅是單純的賽跑，而是透過賽跑，促進友誼，提高城市的知名度，帶動當地的經濟發展，為當地人提供休閒娛樂的機會。

在我國的一些大城市也陸續舉辦了馬拉松比賽，其中當數北京國際馬拉松賽規模最大、水準最高、影響也最大。北京國際馬拉松始創於一九八一年，到二〇〇二

年為止已舉行了二十二屆，已經成為了北京市傳統的體育活動。從剛開始的參加人數幾百人發展到上萬人，比賽項目也逐漸增加。

一九九八年增設了半程馬拉松、十公里和小馬拉松，一九九九年又增設了輪椅馬拉松。經過體育工作者的不懈努力，北京國際馬拉松賽已被國際業餘田聯正式認可為世界十大馬拉松賽事之一。

但是，我國的馬拉松比賽項目比較單一，比賽的關門時間太早（關門時間是指大會組委會為參賽者規定了完成比賽的時間，如果參賽者沒有在規定時間內通過規定的地點，比賽資格將被取消），這些都不利於鼓勵業餘長跑者參與比賽。但隨著長跑運動在我國的普及，北京、大連等地的馬拉松比賽，都會逐漸大眾化。在不遠的將來，在這些比賽當中，說不定就會出現您的身影。

◎考驗人類身體極限的超常距離馬拉松

馬拉松這個運動項目對於長跑愛好者來講早已不陌生了。現在，我國的北京、大連、上海、天津、成都、重慶等地，都相繼開展了馬拉松比賽。越來越多的長跑愛好者加入了馬拉松的行列中。但是，對於長跑愛好者來講「超長距離馬拉松」的

確還是個新名詞。

超常距離馬拉松，一百多年前起源於歐美。英文名字為Ultra Marathon。Ultra是過度、極端的意思，也就是說，超過馬拉松本身距離的長跑。比如，五十公里跑、一百公里跑、一百英里跑、都市和都市之間的跑、二十四小時跑、四十八小時跑、六天以上連續跑、一千公里跑等都可以稱為超長距離馬拉松跑。正規馬拉松四十二公里一百九十五公尺與超長距離馬拉松跑相比，前者注重跑的速度和成績，後者不光重視速度和成績，而且體現出參加者的控制自我、超越自我、與自然共生共處，面向未來、向大自然挑戰的一種嶄新的體育運動。

參加超長距離跑比賽的選手們都是普通的長跑愛好者。那麼，超長距離跑的魅力何在呢？看起來超長距離馬拉松跑只是在跑，但是，其涉及到很多領域，值得專家、學者、長跑愛好者探討。從運動生理學的角度，需要去研究在超長距離跑中，人體將消耗多少千卡的熱量、需要多少水分、血液的變化、人體對生理極限的忍耐度等。

從運動醫學的角度，需要去研究超長距離跑對心臟機能的影響。

從運動營養學的角度，需要去研究什麼樣的食物、飲料能在短時間內使運動員

佐呂間湖 100 公里超長距離馬拉松跑出發時情景

終點衝刺

紐約城市馬拉松

柏林馬拉松

最大程度地恢復體力，以便能維持運動員的正常比賽。因為超長距離跑進行的時間很長，比如一百公里跑最少也要在六個小時以上，所以在跑的途中，需要用食物和飲料來補充能量。再加之人們大多在極其疲勞的狀態下進行比賽，對食物及醫療的質量要求很高。

從運動方法學的角度，需要去研究用什麼樣的訓練方法，才可以使運動員跑下全程。

從體育社會學的角度，需要去研究超長距離跑對社會的貢獻。

從哲學的角度，需要去研究超長距離跑的目的。

從國際關係學的角度，需要去研究超長距離跑的國際意義。

國際超長跑協會（IAU）的總部設在英國。世界上每年都要在美國、日本、英國、希臘、紐西蘭等地舉行五十多次的比賽。世界上重要的超長距離跑比賽有英國的倫敦至布萊頓五十五英里跑，希臘的斯堡羅塔斯羅二百五十公里跑，日本的佐呂間湖一百公里及五十公里跑和美國的恩杰魯庫雷斯特的一百英里耐久跑。

至二〇〇三年男子一百公里公路跑的世界最好成績，是由日本選手創造的六小時十三分三十三秒，女子一百公里公路跑的世界最好成績，是由日本選手創造的六

小時三十三分十一秒。

日本的業餘超長距離跑比賽組織得如火如荼，比如每年在北海道佐呂間湖一百公里及五十公里跑，二〇〇二年的第十七屆有二千四百名長跑愛好者參加，跑下全程者達百分之六十三。

◎趣味接力跑

北京已經舉辦了數屆國際公路接力跑，但是，參賽的運動員基本上都是專業運動員。接力跑可以培養互相團結，相互鼓勵的精神。參加比賽的選手以隊為單位。每位運動員分擔一個跑區，自己跑完分擔的里程後，接力棒或接力帶傳給下一名選手。因為接力跑參加比賽的選手多，場面很壯觀。

每個區的選手的水準參差不齊，所以比賽的結果經常是難以預料，相互競爭的場面層出不窮，可以說是趣味橫生。如果大家經常和其他的跑友鍛鍊，不妨試一試自己組織一個隊，參加接力跑比賽。接力跑比賽大多在公路上舉行。也有在操場上舉行的（大多是距離較短）。

◎大強度的登山跑

登山跑在我國很早就已經出現，比如北京的登長城跑和爬香山跑。登山跑的特點是強度比較大。因為隨著山的高度的增加，對心肺的機能和腿部的力量要求較高。登山跑的比賽時間較長，所以，要求參賽者有好的耐力和堅強的毅力。登山跑的終點並不一定設在山頂，跑步路線也不一定是登山的路線。近年國際上的登山跑有在山道、山中的峽谷和山中的河川附近比賽的。

登山跑的運動鞋要比在平地上跑用的運動鞋要求要高。一般來講登山跑用的鞋底要比普通的運動鞋厚，為了加強與地面的摩擦力從而防止打滑。

◎和自然融合的越野跑

目前我國長跑比賽是以公路跑為主，很少組織越野跑。但是，越野跑在國際上非常流行。在美國幾乎每個大學都有越野跑俱樂部，舉行不定期的比賽。越野跑的起點一般都是在地勢起伏低、草坪多的綠地上。運動員在草坪上跑一段距離，然後就跑入樹林之中。所以，越野跑大多在森林公園內舉行。越野跑的環境可以說是再好不過了。四周都是綠地，空氣清新。如果在春天比賽，可以欣賞到林中野花盛開的情景。在秋天比賽可以聞到落葉與泥土的清香。

但應該注意的是，因為越野跑在柔軟的綠地上進行跑，所以，一定要注意腳部落地的姿勢，以防對踝關節的損傷，並注意保持身體的平衡。

◎奇妙的環高爾夫球場跑

環高爾夫球場跑就是從高爾夫球場的第一個球洞開始，跑到第十八個球洞為止的跑步形式。在發達國家，由於高爾夫球場的建設早已經飽和。隨著利用者的逐年遞減，高爾夫球場的經營者設想出這種新的經營方式。可以說這種新的長跑形式對

經營者和長跑愛好者雙方來講是相得益彰的。

高爾夫球場通常建在空氣清新、美麗幽靜的地方。長跑愛好者在高爾夫球場一邊欣賞著美麗的景色，一邊跑步或比賽，可以說是一種超值享受。同時經營者也可以由這種方式增加收入。

如果經濟上富裕的話，可以第一天在高爾夫球場跑步鍛鍊或比賽，第二天打一場高爾夫過把癮，那可是一種最好的跑後或賽後的放鬆方式。

在我國的很多大城市的郊區都有高爾夫球場。根據現有的國情，在短時間內不會有很多的國內客人加入昂貴的高爾夫會員。在高爾夫球場空閑的時候，讓長跑愛好者充分地利用高爾夫球場的綠地，會給大眾的健身和休閑帶來寶貴的空間。

意外傷害

◎最易出現運動損傷的部位

我們在前面已經講過跑步對健康的促進作用。但是，如果不注意消除疲勞，或

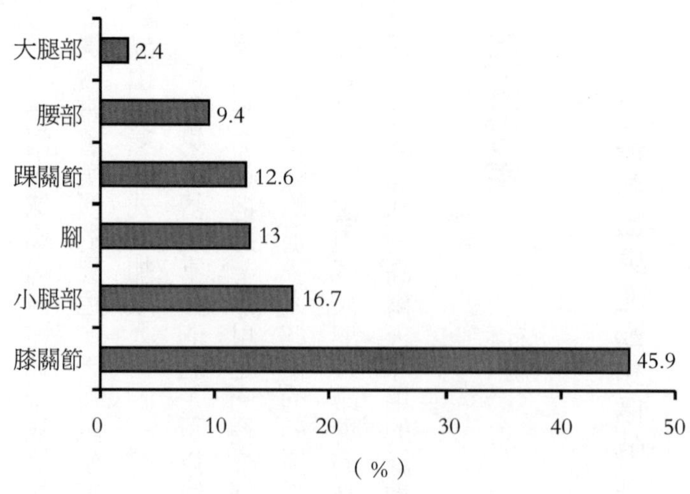

圖 24　易損傷的部位

者沒有養成良好的跑步姿勢的話，就會出現傷病問題。傷病不僅會帶來疼痛，而且還會影響鍛鍊的效果。所以，減輕傷病是至關重要的。那麼跑步會引起什麼樣的傷病呢？我們可以從圖24明顯地看出跑步對膝關節損傷的比率達到了百分之四十五．九，幾乎占去了所有損傷的一半。所以，保護膝關節應當是首要的。

◎防止關節受傷的小竅門

如何使膝關節功能加強，防止膝關節損傷的出現呢？造成膝關節損傷的主要原因就是因為針對肌肉鍛鍊的練習不足所至。在各種素質練習中，單腿下蹲被廣泛地認為是最有效，並且簡單易行的方法（如圖25）。

在跑完之後，雙腿可以分別做八次的單腿下蹲運動。在剛開始做這個動作的時候，不容易掌握平衡。可以手扶著牆壁、凳子和椅子做。也許剛開始只能做半蹲，逐步適應了之後，可以過渡到全蹲。然後進行「老生常談」的仰臥起坐和俯臥撐練習。仰臥起坐可在淋浴以後做，雙手抱頭或放在腹部。如果經常不做俯地挺身的話，偶爾做十個也會感到很疲勞。這時不要勉強自己。

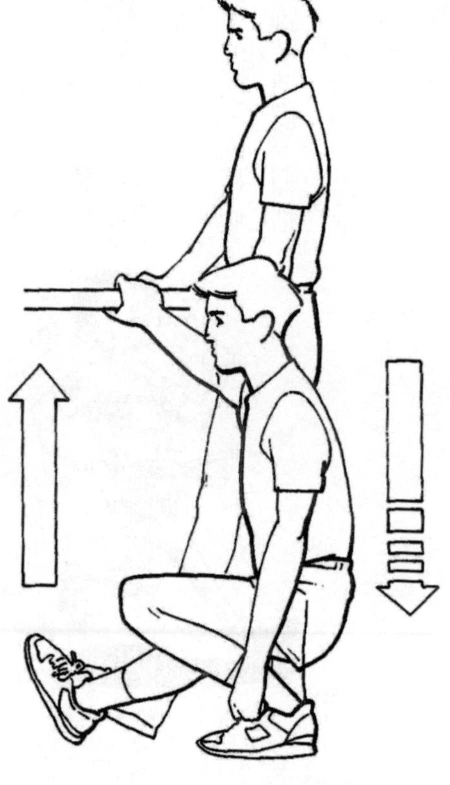
圖 25　單腿下蹲運動

俯地挺身通常是兩腳趾撐地，如果感到疲勞的話，可以改成兩膝撐地做。其要點是肘關節在屈曲的時候，盡量使腰和腹部接近地面並且腰部不塌陷下去，保持與

地面平行的姿勢。

◎跑步時遭遇肚子痛

跑步時肚子痛是常見的事情，所以沒有必要驚慌。應該馬上放慢跑的速度。因為肚子疼往往是跑得太快引起的。放慢腳步以後，腹部的疼痛會明顯減輕。然後用一隻手輕輕地按壓疼痛的部位，擺動另一隻手慢慢地跑，待疼痛消失以後，可以逐漸地加速。

如果不想因突如其來的肚子的疼痛影響跑的速度，可以在跑前準備一個細細的帶子，捆綁在腰部，如果肚子出現了疼痛的現象，可以在腰部束緊帶子，這是一個有效抑制疼痛的方法。

圖 26　抑制疼痛

◎夏天中暑的應對措施

在夏天進行跑步鍛鍊的時候，一定要注意中暑的發生。聽起來中暑不很可怕，但它對鍛鍊造成的危害卻非常大。每年都有報導：有人夏天在運動時突然死亡。二○○三年夏天，美國的新聞媒介報導，有兩位不到十八歲的美式橄欖球運動員死於中暑。聽起來讓人心痛。

要想儘可能排除中暑對身體的危害，應牢記以下八條。

了解中暑產生的原因和症狀主要有四種表現

①熱衰竭

由於皮膚血管的擴張，血壓降低，回流腦部的血液減少，就會造成頭暈、失神、面部蒼白、脈搏加快並減弱。

②熱疲勞

身體內的水分減少，造成脫水。主要會感到全身無力、疲倦、頭暈、頭疼、噁心。

③ 熱痙攣

由於大量出汗，造成血液當中的鹽分降低。就會造成腿部、手部的疼痛，產生痙攣的現象。

④ 熱中風

由於體溫上升，引起神經中樞系統異常，產生意識障礙。主要表現在應答遲鈍，言語模糊，意識不明，甚至造成死亡。

熱的時候，勉強的體育鍛鍊是事故的根源

中暑的發生不僅和氣溫有關係，而且還和濕度、風速、輻射熱（直射陽光）有直接的關係。

即使在同樣的氣溫、不同的濕度的情況下，濕度大的環境更危險。此外，運動強度越強，中暑的危險系數也會加大。所以在熱環境下，不要勉強自己運動。根據具體的情況不同，積極的休息、補充水分為佳。

要注意突然變熱

人都具備對熱環境的體溫調節的能力，但需要一定的時間。有很多中暑是因為身體不能適應環境突然變熱而造成的。所以，在剛進入夏天的時候，應該調整跑步鍛鍊的計劃，逐步增加跑步鍛鍊的量。

補充水分和鹽分

出汗的原因是為了防止體溫的過度上升。但是出汗太多，會造成體溫調節能力和運動能力低下。所以說，在暑熱的時候，應當注意補充水分，同時補充含有百分之〇・二鹽分的水。

稱體重知健康和出汗量

每天早起之後養成稱體重的好習慣。在運動前後都應該稱體重。運動前的體重於運動後的體重之差，就是出汗量。因為當人體失去占體重百分之三的水量的時候，運動能力和體溫調節就會降低，所以，應該保持體重下降不超過百分之二，積

極地補充水分。

輕裝上陣

在熱的時候，要穿吸汗性、通氣性強的運動裝。如果太陽光太強，可帶一頂有帽沿的帽子，以減少太陽直射身體。

身體不適也是事故的源頭

當身體感到不適的時候，會使體溫調節降低，極易中暑。所以在疲勞、發燒、感冒、拉肚子的時候，都應該非常慎重。此外，體能低下的人、肥胖的人、怕熱的人都應該注意適當減少運動量。

不慌不亂、從容處置

如果萬一中了暑，不要慌張，牢記以下的處置方法。

①熱衰竭和熱疲勞

首先把中暑者搬到陰涼的地方。鬆解運動服裝，讓中暑者仰臥。如果再補充水

分，一般就能恢復。如果把中暑者的腳抬高，從手腳的末梢向心臟的方向按摩，更加有效。如果中暑者嘔吐不止，沒有辦法馬上補充水分的話，應立即送到醫院，施打點滴，補充水分。

②熱痙攣

一般講，補充百分之〇．九的生理鹽水就能恢復。

③熱中風

如果不能很快處置的話，就會有死亡的危險。要點在於馬上冷卻身體，送往醫院。中暑現場的處置至關重要。為了及時降低身體的溫度，可以把水直接澆到中暑者的身體上。用毛巾當做扇子，給中暑者扇風。並把冰袋放在頸部、腋下、腳心等血管集中的地方，並可以結合按摩。

④其他防暑降溫的方法

在炎熱的夏天，參不參加跑步鍛鍊，都要進行防暑降溫。在防暑降溫的對策當中，除攝取水分以外，飲食的方法、結構也是極其重要的一個環節。這裡向大家介紹十個基本原則。

ⓐ一定要保持一天三餐，正常飲食。

ⓑ多補維生素B、C。

ⓒ食用蔬菜、水果、海菜來補充礦物質。

ⓓ注意攝取鐵和鈣。

ⓔ為了防止貧血，鐵和蛋白質的攝取不可忽視。

ⓕ水也是很好的營養素。

ⓖ為了在體內多儲存能量，碳水化合物的攝取不可少。

ⓗ早晨要養成稱體重的習慣，防止身體脫水。

ⓘ由於清涼飲料對食慾有很大的影響，所以，在飯前應該節制。

ⓙ無論是喜歡的食品，還是不喜歡的食品，都不要偏食，一定要掌握好飲食的平衡。

◎運動傷害的急救法

在跑步運動中，很多人都會忽視安全第一這個問題，經常會造成一些運動傷害。有些人即使是很小心，有時候也會因為他人的不注意而受傷。運動外傷並不可怕，可怕的是不知道正確的運動傷害的急救法。不正確和不及時處置，有可能擴大損傷的範圍，延長康復的時間，甚至導致後遺症。所以，沉著、正確、快速的處置對於每一位跑步者來講，是至關重要的。下面介紹一下國際上通用的運動傷害應急法（簡稱RICE法）。一般來講，RICE法適用於沒有出血的運動外傷，每個字母分別代表以下意思：

〔R〕 Rest 安靜

〔I〕 Ice 冷卻

〔C〕 Compression 壓迫

〔E〕 Elevation 上舉

〔R〕安靜：

受傷後，馬上停止運動，使全身處於靜止的狀態，以防損傷部位的惡化。安靜狀態也可以對受傷者的心理起一種安定的作用。

〔I〕冷卻：

冷卻的目的是止疼，減少或抑制內出血。主要使用冰塊或冷水冷卻受傷的部位。如果不馬上冷卻局部，受傷部位就有可能腫脹和內出血，這樣消腫和吸收內出血要花上幾個星期的時間，那就根本無法運動了。

〔C〕壓迫：

冷卻局部後，用有彈性的繃帶纏繞在受傷的部位，這樣更可以有效地抑制局部的腫脹和內出血。但是，一定要注意不要把繃帶纏繞得太緊，這樣會壓迫粗的血管和神經。一定要確認受傷部位周圍的末梢是否有青紫的現象。如有青紫的現象，要放鬆繃帶。

〔E〕上舉：

要把受傷部位抬高於心臟，促進靜脈血液的回流。抑制腫脹或減輕腫脹的發生。

運動著裝

◎舒適的跑鞋會使人跑起來更輕鬆

一般來講，跑步用的運動鞋分比賽、練習和越野跑三種用鞋。跑步愛好者大多在鋪裝的道路上跑，所以，應該選擇鞋底厚的運動鞋。進口運動鞋的特點是鞋底比較厚，這是因為歐美人的體形比較大，運動鞋的鞋底也就設計得厚了一些。在選擇鞋的號碼的時候，要使大腳趾有足夠的上下活動的餘地。

也就是說，應該選擇比自己的腳的號碼大半號或一號的鞋。此外，鞋子的寬度也是很重要的。應該選擇比自己的腳要寬的鞋子。總之，運動鞋穿在腳上，一定要覺得舒服，不應該有擠腳的感覺。前面已經講到了運動服裝對跑步經濟用氧量的影響，因此，科學家建議將來的製鞋工藝上應該注重設計一種能夠提高跑步經濟用氧量的運動鞋。

二〇〇三年，一家體育用品公司推出了一種跑鞋，在這種新型的跑鞋的鞋跟添加了一種特製的彈簧，以增加跑步者的著地彈性。

◎選擇舒適的運動服

穿著輕快、舒服是選擇跑步服裝的最基本的原則。在氣溫低的時候，應該穿長袖的運動服跑步，並帶手套。在有風的時候，應該有一套防風的運動服裝。

不過，由於跑步鍛鍊使體溫上升，最終還是要把長袖運動服脫掉，這時最佳的服裝便是T恤衫了。在夏天的時候，背心和短褲可以說是最佳的服裝了。背心通氣

性好，穿上它再涼爽不過了。在太陽光很強的時候，最好帶上跑步用的太陽鏡和有帽沿的運動帽。

解惑篇

怎樣克服跑步初期的枯燥關？

有人講跑步的好處他都知道。但跑起來之後，就覺得筋疲力盡、枯燥無味。所以經常是三天打魚，兩天曬網，不能長久地堅持下去。這個問題普遍存在於剛剛參加跑步鍛鍊的人當中。下面的幾個訣竅能幫助你度過跑步初期的枯燥關。

循序漸進，由慢到快

剛開始參加跑步的時候，馬上就會氣喘吁吁，這是正常現象。所以，剛開始一定要慢跑。只要能使呼吸節奏保持穩定，多慢都可以。剛開始的五分鐘會產生厭煩情緒，這時不要放棄。只要稍微堅持一下，身體就會進入跑的狀態。只要能慢跑二十分鐘，就能為下一次的鍛鍊奠定基礎。

改變場地，調整心情

剛參加跑步的人，選擇場地都會比較單一。大多喜歡選擇學校的操場。其實在操場上跑步，很容易使剛參加跑步的人產生枯燥的感覺。這時不妨調整一下心情。到花草綠地、樹木多的公園、鄉村跑上幾十分鐘。一邊欣賞四周的景色，一邊調整呼吸。這樣，不知不覺就會跑上幾十分鐘。

更新著裝，激發熱情

很多剛參加跑步的人，不太在乎運動著裝。經常會這樣想：「反正我也不是運動員，簡單湊合一下就行了。」經常可以看到腳穿籃球鞋、足球鞋，甚至布鞋，身著襯衫、牛仔，不穿運動襪的人在跑步。這些不正確的著裝，會大大影響跑步的質量。這時不妨買上一雙長跑用的新鞋、新襪，身穿嶄新寬鬆的T恤衫和運動短褲。

正式的著裝可以激發跑者的興趣，培養長跑者認真鍛鍊的態度。可以激發長跑者的長跑熱忱。

如何自我判斷運動不足？

人每天所需的運動量為三百卡。那麼，大家如何判斷自己是否運動不足或到底

自己處於什麼樣的運動不足的狀態呢？可能有人會講，我天天在工作單位走來走去，不會運動不足；還有人說我每天都在做家務活，經常是滿頭大汗，不會運動不足；還有人說我每個星期都到游泳池游泳，也不會運動不足。這些都是自己的主觀判斷。要真正了解自己是否運動不足，我推薦大家用表13的「生活中的運動量檢查表」。

自我測試的方法是從一～四問當中各選出與自己的實際運動狀況相符的一項。

在第五問當中的空白處填上到觀光娛樂地的天數，然後除以四，最後加上前四問的每項的相應得點，就能算出每

表 13　生活中的運動量檢查表

1.上下班時步行或騎自行車的時間	運動點數
a.單程合計步行 20 分鐘以上	8
b.單程合計步行 10 分鐘以上	4
c.單程合計步行 9 分鐘以下	0
d.單程合計騎自行車 15 分鐘以上	3
e.單程合計騎自行車 14 分鐘以下	0
2.工作之餘或午間休息的時候離開工作地點的時間長短和次數	
a.單程 20 分鐘以上，2 次左右	16
b.單程 20 分鐘以下，1 次左右	8
c.單程 10 分鐘以上，每天 2 次左右	8
d.單程 10 分鐘以上，每天 1 次左右	4
e.基本上不外出	0

續表

3. 工作時全身勞動和成站立姿勢的時間長短	
a. 全身勞動（道路施工、搬運重物等）每天 2 小時以上	12
b. 全身勞動（道路施工、搬運重物等）每天 1 小時以上	6
c. 全身勞動（道路施工、搬運重物等）每天 30 分鐘以上	3
d. 站立狀態的工作（工作現場監督、收銀員工作等），每天 3 個小時，或在大型建築物內經常有步行的機會	9
e. 站立狀態的工作（工作現場監督、收銀員工作等），每天 2 個小時，或坐立型工作和走路型工作各占一半	6
f. 站立狀態的工作（工作現場監督、收銀員工作等），每天 1 個小時，以坐著工作爲主體，偶爾有步行的時間	3
g. 基本上坐著工作	2
4. 定期體育鍛鍊的時間	
a. 運動時間合計每週 5 個小時以上	15
b. 運動時間合計每週 3 個小時以上	9
c. 運動時間合計每週 2 個小時以上	6
d. 運動時間合計每週 1 個小時以上	3
e. 步行（不包括第一問和第三問所涉及的步行）每週合計 5 小時以上	12
f. 步行（不包括第一問和第三問所涉及的步行）每週合計 3 小時以上	7
g. 步行（不包括第一問和第三問所涉及的步行）每週合計 2 小時以上	5
h.步行（不包括第一問和第三問所涉及的步行）每週合計 1 小時以上	2
i. 在 a～h 中沒有選項。但是自己體育運動一次 90 分鐘以上每月 1～3 次	2
j. 每天做一次廣播體操	1
k. 以上沒有選項	0
5. 最近一個月到海邊、野外、公園等觀光娛樂地消遣的天數	_×1/4=
註：每週的運動點數等於 1～5 問的點數的總和	

周實際的運動點數。

每一點數相當於消耗一百卡的熱量，如果二十點的話，每週就是消耗二千卡的熱量。

其計算根據是：步行三十分鐘，大約是三千步（一百步／分鐘×三十分鐘），走三十步大約消耗一卡。所以步行三十分鐘應該消耗一百卡。

很多人用這個方法評估了自己的運動點數之後，經常會發現運動不足的現象要比預想得多（如表14），參照表13，可以找到自己相應的級別，檢驗自己是否運動適量。

表14

級別	點　數	評　　價	判定結果
A	25／週以上	達到了運動充足的條件，應該加強和注意營養與休息，保持健康的生活方式	運動充足
B	20～24／週	基本上滿足了運動充足的的條件，再稍微增加運動量，保持健康的體力	
C	13～19／週	有運動不足的傾向。如果不注意加強體育運動鍛鍊，體力就會馬上下降，老化現象會很早出現	運動不足
D	12／週以下	完全處於運動不足的狀態。如果這樣持續下去，會加速老化現象，成人病的發生機率很大。現在應該馬上認眞考慮自己的生活方式。制定長久的鍛鍊計劃，加強自我健康管理	

跑步已有一年多了，爲什麼體重還是降不下來？

這個問題普遍存在於跑步愛好者當中。主要有兩個原因影響著體重的變化。

忽略了持續鍛鍊的要點

持續鍛鍊並不是指經常或每天參加體育鍛鍊。而是指每次運動的時候，在沒有停頓和間歇的情況下，持續運動。人只有持續運動二十分鐘以上，人體內的脂肪才開始工作——「燃燒」。

有很多跑步愛好者每次持續跑的時間只有十五分鐘左右，或是跑跑停停，這樣起不到脂肪燃燒的作用。所以，很有可能就造成體重無法減輕的結果。

打籃球也是這樣，有很多人經常打籃球，而且每次都是大汗淋淋，但體重就是不減輕。原因就是，打籃球有很多的樂趣，但總是打打停停，沒有使身體處於持續運動的狀態，所以，也就起不到減肥的作用。

體內脂肪的變化

有很多跑步愛好者說自己每週三次參加鍛鍊，每次持續運動時間也在二十五分鐘以上，但是，自己的體重還是沒有減輕。這是為什麼呢？

人體是由脂肪部分和非脂肪部分組成。跑步鍛鍊可以使體內脂肪量減少，非脂肪部分增加，這也是一個使體重沒有變化的原因。（有關脂肪率的問題，詳見一八五頁的有關回答）

減肥等於健身嗎？

有很多人，尤其是女性認為減肥就是健身。其實這是對減肥和健身的誤解。

健身的主要目的是增強體質，提高機體免疫力。而只有在科學鍛鍊和指導的前提下，減肥才可稱之為健身。

但如果是強制或沒有科學道理的減肥，那就背離了健身的目的。真正屬於健身的減脂並不一定在於減輕體重，而是由有氧鍛鍊除掉多餘的皮下脂肪，調節肌肉密

度，增加肌膚彈性，使身體勻稱美觀，然後自然過渡到塑形這一步，調節身體各部分的圍度，使軀體更具美感。

女性長跑者能參加十公里跑嗎？

答案是肯定的。每年，世界上著名的業餘長跑比賽，諸如紐約城市馬拉松等，女性參加者比比皆是。

據科學研究證明，女性的耐久力要高於男性。所以，參加十公里跑是絕對沒有問題的。但是，沒有必要每次長跑鍛鍊的時候，跑十公里。平時鍛鍊的時候，以五公里跑為主。十公里跑可作為調整狀態的練習方法。

不能長久地堅持跑步，該怎麼辦？

這是一個經常在跑步愛好者中出現的問題。造成不能堅持跑步鍛鍊的原因有三個方面。

a. 怕被人看到

有些跑步愛好者，尤其是女性愛好者在跑步的時候有很多顧慮。諸如自己的身體太胖，或腿太粗，怕被人看到不好意思。這種顧慮應該隨時打消。鍛鍊身體直接受益的是本人，不要管別人怎樣講。

b. 跑步鍛鍊太麻煩

如果跑步鍛鍊，就一定會出汗，就不可避免地經常換洗衣服。這對有些人來說是很麻煩的事情。要知道跑步鍛鍊的主要目的是為了健康，這點兒小麻煩，算不上什麼。

設想一下，如果不注意體育鍛鍊，健康每況愈下，最後造成上醫院看醫生、吃藥，這比跑步鍛鍊還要麻煩。跑步鍛鍊可以減少人們上醫院、打針吃藥的機率，這是減少麻煩，何樂而不為呢？

c. 跑步枯燥無味，不如玩有意思

解決這個難題的關鍵在找到與自己志同道合的跑友。有了跑友，可以經常在一起跑步鍛鍊，互相鼓勵，切磋跑技，互相提升。有了跑友之後，可以有效地消除跑步的枯燥感，鍛鍊者的鍛鍊次數也會因為跑友的出現而增加。還可以和跑友一起制定常年的鍛鍊計劃，時機成熟的時候，可以參加長跑比賽，以賽代跑，檢驗自己的實力。

透過參加比賽，認識更多的跑友，從其他的跑友身上獲得更多的信息。

當然，每個長跑者的個人情況不同，出現的問題也不盡相同。但是，不管出現什麼問題，都應該這樣想：鍛鍊是為了健康。健康是人類生存之本。可以把跑步作為自己主要的休閒活動。

沒有跑步鍛鍊經驗的六十歲以上的老人，可以進行嗎？

可以說，參加跑步鍛鍊與年齡是沒有任何關係的。日本的久光製藥公司的中富正義從七十五歲開始長跑。他生於一九〇五年，從一九九一年連續十一次參加了夏威夷馬拉松比賽。他今年已經九十七歲，仍然是個非常活躍的長跑愛好者。

雖然開始參加跑步鍛鍊的時間同年齡是沒有任何關係的，但是，一定要遵守循序漸進的方法，即先接受跑前的健康檢查，然後從走開始，最後過渡到跑。（詳見七十四頁跑前須知）

表 15　BMI. 腰圍的數值與肥胖級別和疾病發生的機率關係（引自美國心肺和血管研究中心的數據，2003）

			體重和腰圍與疾病發病率的關係★	
	BMI (kg/m^2)	肥胖級別	男性≤102cm(40in) 女性≤ 88cm(35in)	男性>102cm(40in) 女性> 88cm(35in)
體重不足	<18.5		－	－
正常	18.5～24.9		－	－
體重超重	25.0～29.9		增加	高
肥胖	30.0～34.9	Ⅰ	高	高
	35.0～39.9	Ⅱ	非常高	非常高
極其肥胖	40.0+	Ⅲ	極高	極高

*Ⅱ型糖尿病、高血壓和心血管疾病，即使體重在正常範圍內，如果腰圍增加，患病的危險率也會增加。

腰的粗細和健康有關嗎？

大腹便便、一臉燦爛的彌勒佛大家都不陌生。看到他的大肚子，會使人聯想到富有、快樂。更有很多人認為肚子太小，顯得沒有油水。

如果看了表15，會把很多人嚇一跳。事實是：正常人肚子越大，帶給自己健康的危害也越大。

如果你的BMI值（身體質量指數，又稱體重指數）和腰圍都超過了正常範圍，就應該考慮參加跑步鍛鍊了。由跑步鍛鍊能減輕患病的機率。

經常跑步會使大腿變粗嗎？

這個擔憂主要來自於女性鍛鍊者。跑步鍛鍊非但不會使你的腿變粗，反而會使你的腿部的肌肉脂肪減少，肌纖維的彈性增加。

肌肉的粗細和體積主要是由男性荷爾蒙所決定。由於女性荷爾蒙在女性體內的作用，不會使女性的肌肉變得像男性那樣粗壯。所以，女性跑步愛好者應該打消這樣的擔憂。（當然了，如果不吃興奮劑，女性的肌肉和體形永遠不會變得像男性那樣）

在水中跑步和在陸地上跑步有何區別，哪個更有效果？

我記得在日本做健康指導的時候，經常有中老年朋友問我為什麼多年進行游泳鍛鍊，卻不能減肥。我詳細詢問了他們的鍛鍊計劃，發現都有一個共同的缺點，就是不能持續在游泳池裡游上二十分鐘。

如果想減體重，身體內的代謝必須達到脂肪代謝才能使脂肪「燃燒」，也就是說，一定要堅持一口氣游上二十分鐘以上，身體才開始進行脂肪代謝。

在游泳池游過泳的人都知道，有多種因素干擾著游泳愛好者的鍛鍊。比如說，到了夏天，游泳池裡的人很多，經常是人碰人，要想持續地、不受干擾地游上二十分鐘，是幾乎不可能的。再比如，一不小心，不巧喝了幾口水或嗆了一下，這就會大大影響游泳的情緒，甚至會馬上放棄游泳。

所以，我認為在陸地上跑步鍛鍊的益處和功效遠遠大於在游泳池裡游泳的功效。因為在陸地上，跑步的場所的選擇性大。

我想沒有人喜歡在熱鬧的王府井或南京路上跑步吧。大多數的跑步愛好者都會選擇環境好、人少的地方。這樣就會大大減少鍛鍊的干擾因素，大大提高持續性跑的機率，達到健身和減肥的效果。

健身房內和室外跑步鍛鍊有何區別，哪個更有效果？

在健身房進行跑步鍛鍊，首先解決了跑步鍛鍊場地短缺的問題。無論是刮風下

雨，天氣多麼惡劣，都可以在健身房內鍛鍊。利用健身房的跑步器材，可以充分地設定跑步的速度，有的器材還可以隨時測出鍛鍊時的心率。設備好的健身俱樂部還配有電視，鍛鍊者可以一邊跑一邊看電視。健身房給剛剛參加跑步鍛鍊的人，提供了很好的鍛鍊場所。

對於那些羞於在室外跑的人來講，可以說實在是完美。但是，在健身房內鍛鍊也有其不利的一面。

首先，室內的新鮮空氣是不能保證的。如果在健身房鍛鍊的人太多的話，室內的塵土隨著鍛鍊者的運動，就會飛揚在空氣當中。這樣跑步鍛鍊者會很容易吸入自己的肺內，對健康有著不良的影響。人太多，會給人嘈雜混亂的感覺，會分散鍛鍊者的注意力。

其次，基本上每一個健身俱樂部都是收費的，對於經濟來源有限的人來講，確實是一筆不小的數目。另外，健身俱樂部離工作單位或住所的遠近會影響鍛鍊者的積極性。

在室外或野外跑步鍛鍊，不會像在健身房內鍛鍊那樣受場地的限制。可以任意選擇場地。如果跑步的場所空氣不好的話，還可以選擇空氣較好的場所鍛鍊。但是

表16

分類	體重指數	患肥胖相關的疾病的發病率
太輕	<18.5	低
正常範圍	18.5～24.9	正常
過重	25.0～29.9	增加
肥胖	≥30.0	極高

對於剛剛參加鍛鍊的人來講，在室外或野外跑步不像在健身房內跑那樣有人指導，對掌握跑步技巧來講，存在著一定的難度。

胖與不胖由什麼決定？

BMI譯成中文為體質指數或體重指數，是被國際上廣泛認可的一種測量體脂肪的方法。根據世界衛生組織的報導，體重指數是按照以下的方法計算出來的：

體重指數（BMI）＝體重（kg）／[身高（m）]^2

這個公式可以很快算出自己的體重指數，然後可以對照表16，了解自己是不是在肥胖的範圍內，並且可以了解到自己患上諸如高血壓、糖尿病等與肥胖相關的疾病的發病率。

以上的方法，不僅可以知道自己的體重指數，而且可以

根據公式算出自己到底是否超出正常體重。知道自己的體重是否超過正常範圍，可以比較準確地制定出跑步鍛鍊計劃，也就不會走盲目減肥的彎路。

肥胖並不一定由體重所決定，而是由體內的脂肪量所決定。換句話講，是體內的脂肪比例異常增加而導致肥胖。ＢＭＩ雖然已被廣泛地應用在體質調查和測量上，但是，這個方法還是有一定的片面性的。

人體是由脂肪部分和無脂肪部分（骨骼、器官、血液等）組成。ＢＭＩ強調的是外在的體格，利用它無法準確地把握人體內的脂肪的數值。所以，國際上逐漸利用測量體脂肪率來代替ＢＭＩ。用體內脂肪計測量，經常會出現體格相似但體內脂肪率卻大為不同的情況，也就是常說的隱性肥胖。所以，肥胖與否，使用體內脂肪計測量是最好的方法。

每個人都知道體重計，但是，知道體內脂肪計的人卻不多。體內脂肪計是由日本谷田公司發明並生產的。該儀器可以準確地測量出體內的脂肪量。它已經被發達國家公認為最方便、精確地測量體內脂肪量的方法。

測量方法也很簡單，體內脂肪計的外形和體重計沒有很大的區別。只要輸入身高和性別，在幾秒鐘內體內脂肪計就能顯示出你的體重和體內脂肪率。日本肥胖學

表17

性別	適當範圍		肥胖
	不足30歲	30歲以上	
男性	14%～20%	17%～23%	25%以上
女性	17%～24%	20%~27%	30%以上

會所推薦的數值如表17：

所以，知道了自己的脂肪率的數值，在制定減肥計劃的時候，就沒有必要一定減體重。只要能降低脂肪量，減肥的計劃就可算是成功。

想舒舒服服地跑嗎？試一下LSD跑步法吧

「已經跑三十分鐘了，還不覺得累。我還能跑二十分鐘。」當我在鍛鍊的時候經常有這種感覺。為什麼我會覺得這麼輕鬆，是因為LSD幫了我的大忙。LSD首先是由美國人周・翰德森在六〇年代提出的。它是指跑步鍛鍊的人用緩慢的、舒服的節奏進行長距離的跑。

LSD早被歐美及日本等長跑發達國家的人們接受。跑步愛好者在剛剛參加跑步鍛鍊的時候，經常控制不好跑步的節奏，稍微覺得自己有點體力，就會加快跑步的節奏，結果沒有跑幾分鐘

就氣喘吁吁；或者在快要跑到終點時，也會加快步伐；或者即使已經跑得上氣不接下氣的時候，加快腳步。其實，沒有必要一定這樣去跑。

用ＬＳＤ會很容易解決這些問題。在跑的時候，應一直用腦袋去想：「控制節奏，慢跑，慢跑。」如果這樣跑的話，不僅三十分鐘跑不在話下，就連跑的時間也會很自然地增加。尤其是在野外跑的時候，用ＬＳＤ法去控制自己的節奏，可以跑得更長，更能享受大自然的魅力。

什麼是ＡＴ和ＯＢＬＡ？

ＡＴ和ＯＢＬＡ是無氧閾和血乳酸作業閾值的英文縮寫。多年來運動生理學界爭論著如何用最精確的詞來形容無氧閾值。目前國際上普遍採用這兩個概念來形容人體在遞增工作強度運動中，由有氧代謝功能開始大量動用無氧代謝功能的臨界點或轉折點，常以血乳酸含量達到四毫克分子／升時所對應的強度，或功率（瓦）來表示。

對於跑步愛好者來講，大可不必非要完全了解無氧閾和血乳酸作業閾值的深層

含義。但作為基本常識，應該知道我們經常講的提高耐力的主要生理變化，就是無氧閾和血乳酸作業閾值增加的結果。

爲何家中要有體重計，身上要佩計步器？

很多人，除了工作單位的體檢時候稱體重，其他的時間很少有稱體重的習慣。體重的輕重和變化度是和健康有著密切關係的。體重的突然增加和減少，都是疾病，尤其是糖尿病的徵兆。所以，經常地稱體重對疾病的早發現和治療有著很大的作用。

對於跑步鍛鍊者來講，體重計更是重要，利用體重計，可以測出跑前和跑後的體重差（即出汗量），從而準確地把握出汗量，根據出汗的多少準確地補充水分。對於那些正在利用跑步鍛鍊減肥的人來講，掌握每天的身體重量。可以畫出體重的變化曲線。由分析曲線的變化情況，來制定相應的鍛鍊計劃。

計步器也是跑步愛好者的好伙伴。計步器顧名思義就是計算步數的工具。有四～五公分長，二～三公分寬。在鍛鍊的時候，一般把它別在運動短褲，靠近腹部

的地方。計步器可以準確地測量出總體的步數。如果在四百公尺或二百公尺運動場上跑步鍛鍊的話，很容易就可以知道跑步的總長。但是，如果在其他場所跑步時，就很難知道自己的跑步距離。

如果知道了自己大致的步長，就可以由計步器算出跑的距離。這對我們掌握運動量有很大的幫助作用。

步長根據每個人的性別、身高和跑的水準而不同。但還是有一個大致的推算的方法。一般來講：步長＝身高（公分）－一〇〇公分。如果身高為一八〇公分，那麼步長就是一八〇－一〇〇＝八〇（公分）。如果計算步幅大一些的人的步長應該是：身高－九〇公分。如果身高為一八〇公分，那麼步長就是一八〇－九〇＝九〇（公分）。

血壓高的時候，怎樣鍛鍊？

我們前面講過，在跑以前的健康檢查的重要性。如果在跑前查出了有高血壓的症狀，首先應該注意，在運動時不應該使血壓上升。

具體應該注意以下三點：

▲不要做強度大的運動。可以選擇運動強度小的，不會在運動時感到胸悶的走路來代替。

▲盡量避免在寒冷、高溫多濕的環境中鍛鍊。因為這些環境很容易使血壓上升。如果感到空氣寒冷，一定要帶上帽子、圍巾和手套以保存體溫。

▲不和別人競爭，不做勉強的運動。按照自己的節奏鍛鍊。

跑步鍛鍊之後腳上起泡怎麼辦？

很多人都有經歷過腳上起泡。其原因是由於腳掌和地面、運動鞋和襪子摩擦所致。在夏天鍛鍊的時候，由於地面溫度很高，最容易引起腳上起泡。很多人都知道腳上起了泡以後，用針把泡挑破，然後貼上「OK絆」就可以了。

但多數人忽視了腳起泡往往是由於鞋襪的不合適所致。襪子的質地的柔和性、襪子的鬆緊、運動鞋的大小都會引起腳上起泡。所以在跑之前，請大家檢查一下自己的鞋襪。

跑步後爲什麼容易感冒？

跑步鍛鍊，尤其是參加比賽以後，很容易得上感冒。這主要是由於身體疲勞造成的。所以，在跑後應當積極地休息，使身體恢復到良好的狀態。在跑動中，呼吸量明顯增加到一百升，是安靜時候的呼吸量的十倍。呼吸系統的大門——喉嚨被過量使用，所以在跑後，經常可以感到喉嚨有不適的感覺。最好的辦法是馬上漱口以滋潤喉嚨，並換下被汗水浸濕的運動服裝。

跑步鍛鍊是促使體溫上升、呼吸急劇加強、刺激呼吸系統的運動。適當的跑步鍛鍊，可以加強體溫的調節、呼吸系統的能力、提高身體的免疫力。

感冒的時候，該不該繼續鍛鍊？

如果因為感冒而引起發燒的話，應該馬上中止跑步鍛鍊。如果僅僅有感冒的症狀的話，在身體保暖的情況下，可以進行慢跑或步行的練習。這些適當的運動，可

以加速血液循環，可以使感冒引起的鼻塞、頭疼等症狀減輕。

這些運動雖然使身體產生一定的疲勞，但透過運動疲勞，可以很快地入睡，反而使身體得到好的休息。但要注意，運動之後會出汗，應盡量快地換下濕衣服，以防感冒加重。

腳總是喜歡出汗怎麼辦？

人在平時走路的時候，腳會出汗。在跑的時候，腳的出汗量要比走路增加十倍以上。腳出汗以後，如果不認真地處理，腳部就會癢，甚至導致腳氣。

有些跑步愛好者跑步的時候，不喜歡穿襪子。光著腳和鞋的內部接觸會使腳處於潮濕的環境中，腳就會產生大量的菌，最終導致奇癢、紅腫的症狀。

為了減少以上的症狀，在跑以前，檢查一下自己的鞋襪。

如果襪子太濕，應該換上乾燥的襪子。不要穿尼龍襪等太薄的襪子。要選擇通氣好、吸濕性高的運動襪。

不要穿過緊、過重的運動鞋，盡量選擇寬鬆、輕便、通氣性好的運動鞋。當

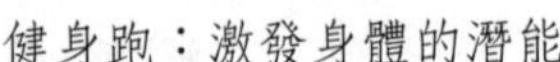

然，在跑之前，利用中藥水泡腳也是一種減少腳汗的好方法。以上的方法可以有效地減少腳汗對腳的危害。希望大家都能用健康的腳去跑步。

剛參加跑步鍛鍊不久，小腿肚疼怎麼辦？

剛參加跑步不久，往往就會遇到這種現象，就是小腿的後側，也就是小腿肚疼痛。其主要原因有兩個：一是小腿部的肌肉和踝關節的力量不夠所致。二是腳的落地姿勢不正確所致。隨著鍛鍊的加強和技術的提高，小腿疼痛的現象會減輕直至逐漸消失。

小腿疼痛的現象出現之後，可以在鍛鍊結束後，自己做小腿按摩和擠壓穴位。也可以在熱水中浸泡兩腿，然後可以坐在地上，劈開兩腿，兩腳尖朝上，伸直膝關節，上體做前屈的動作。這個動作的目的是促進小腿肌肉的柔韌性。加強腿部的血液循環。並可以有效地減緩小腿肌肉的疼痛。

怎樣確認自己跑步姿勢正確與否?

確認自己的跑步姿勢有幾種方法。除了前面我們提到的可以隨時看一看自己的腿部姿勢以外，還可以請人看一看自己的跑步姿勢，給自己提出意見。但是，這兩種方法都不能很好地觀察自己的跑步動作正確與否。

現在有很多人家擁有了小型攝影機，可以請朋友在自己慢跑、快跑和衝刺跑的時候，從側面拍攝自己的動作。

在練習結束後，一邊喝著啤酒一邊「欣賞」著自己的動作。利用錄影來檢查跑的動作，早已經廣泛地被應用到運動生物力學領域當中。不同的是體育科研人員運用的攝影機要高級一些，而且不是一臺，是用兩臺，甚至三臺。然後用電腦從二維和三維空間的角度來分析動作。

對於愛好者來講，倒是沒有必要動用這麼複雜的方法分析動作。只要能用簡單的攝影機把自己的動作拍攝下來，就可以了。由反覆地看錄影，然後就可對照本書所闡述的要點，找到自己跑步動作的缺陷。

錯誤的動作是多年積累而產生的，對於業餘長跑愛好者來講，不可能在短時間內完全改正的。但是，只要能夠一點一點地改正，循序漸進就會有可喜的進步。如果能堅持這樣做，不僅跑步的動作更能接近完美，而且還會在比賽中取得意想不到的好成績。

倒著跑可以改善股四頭肌的疲勞嗎？

回答是肯定的。我想有很多人一定知道倒著跑還有世界紀錄呢！倒著跑有著促進大腿四頭肌疲勞的恢復、鍛鍊小腿的三頭肌的作用。而且在長時間正常跑之後，大腿四頭肌會疲勞，並對跑步產生厭倦感，這時，可以利用倒著跑作為調節跑步情緒的方法。

倒著跑最好在操場或人較少的地方進行。剛開始不要跑得太快，大約和正常走的速度一樣。請注意一定要掌握好平衡，防止因平衡沒有掌握好而摔倒。其要領是：上肢放鬆，腳後跟抬起，用腳前掌跑步。

爬樓梯可以代替跑步鍛鍊嗎？

每天爬樓梯並不能完全代替跑步鍛鍊。因為爬樓梯很容易使人產生疲勞、厭倦的情緒。如果住在五層樓的話，從一樓爬到五樓，大約只需要幾分鐘的時間。在這樣短的時間內，身體根本得不到很好的鍛鍊。很少有人為了鍛鍊身體連續數次從一樓到五樓爬上爬下。如果住在十層樓的話，我想絕大多數人都會利用電梯的。

比如一座六十層的高樓，大約有一千五百級臺階。按照正常的爬樓速度每分鐘一百級臺階的話，大約需要十五分鐘。所以，要想做三十分鐘的跑步鍛鍊，就要爬一個來回。

在我國沒有幾個城市有超過六十層的樓。即使在中等城市，也很難找到超過三十層樓的大廈。所以，爬樓梯理想上是個好的運動，但在實施上絕大多數的地方是不可行的。另外，爬樓梯需要腿部的力量，對於那些腰腿部肌肉較弱的人，這並不是一項好的運動。

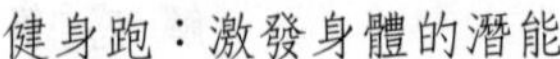

霧天運動有何注意事項？

起霧的原因大多是因為空氣的濕度太大。但是，霧天在大城市的出現則是不同的概念。霧氣本身並不是「純潔」的。

霧是空氣中的水氣凝結物，裡面飽含著塵埃、細菌或其他微粒等很多對人體有害的物質。尤其是在大城市，由於機動車和工廠的廢氣和排煙等原因，近地層空氣污染較嚴重，霧滴在飄移的過程中，不斷與污染物相碰，並吸附它們，會使空氣質量遭到嚴重破壞。

霧對人體健康有很大的危害。據測定，霧滴中含有各種酸、鹼、鹽、胺、酚、塵埃、病原微生物等有害物質的比例，竟比通常的大氣水滴高出幾十倍。如果在霧天中鍛鍊，隨著活動量的增加，人的呼吸勢必加深、加速，自然就會更多地吸收霧中的有害物質，從而極易誘發或加重氣管炎、咽喉炎、眼結膜炎等諸多病症。所以，在有大霧的天氣裡，可以適當停止室外鍛鍊。

雪天適合室外鍛鍊嗎？

下雪的時候，基本上是可以跑步鍛鍊的。我住在美國的賓夕法尼亞州的中部，是個冬天多雪的地方。我是非常喜歡在下雪的時候和下雪之後跑步鍛鍊的。這時候的空氣，比平時要清新許多，所以適合進行戶外鍛鍊。但是，幾個注意事項希望大家能牢記：

不要在能見度很低的時候跑步鍛鍊

在雪下得很大的時候，能見度是很低的，這時候如果跑步鍛鍊，就不容易注意四周的車輛和行人的情況。一不注意就會造成交通事故。所以在能見度低的時候，不宜做跑步鍛鍊。

一定要注意保暖及合理的運動著裝

如果氣溫太低，可戴不太厚的、能遮住耳朵的帽子，以保護耳朵，為了保護雙

手，可以戴上手套保暖。

這時著裝不要太厚，也不要太緊身。如果太緊身，就會阻礙血液循環。在東北的某大學的冬季長跑比賽中，曾有位同學把袖子卷到肘部參加跑步比賽，由於袖子卷到肘部後，緊緊地扣住了肘部，造成了肘部血液不流暢，兩手部分缺血，再加之天氣寒冷，沒想到當他跑到終點之後，發現兩手竟然不能活動，於是被送到了急救室。經過緊急救治，並結合針灸才使兩手的功能得到恢復。可見合理的運動著裝對跑步鍛鍊的作用。

注意路面的冰雪，防止滑到

下雪的時候，路面很滑，所以在跑的時候，步幅不應該太大，可加快步頻。盡量選擇防滑的運動鞋。

保護好眼睛

聽起來下雪和保護眼睛沒有什麼直接的關係。但在雪後，太陽光很強的時候，太陽光會直射到雪面上，然後會反射到眼睛。這會對眼睛有刺激的作用。這時應該

戴上太陽鏡，以保護眼睛不受強光的危害。

雨天怎樣體驗鍛鍊樂趣？

跑步愛好者最討厭天氣不好，下雨天也不例外。有些愛好者極不願意在雨中跑步，認為下雨會影響跑步的情緒，並容易引起感冒。其實雨水是我們的好朋友。對於那些已經在雨中習慣跑步的長跑家來講，是極其舒服和快樂的。雨水拍打著身體，確實有在游泳池游泳的感覺。

由於下雨，使空氣的濕度增高，人體由與濕潤空氣的呼吸交換可以對

喉嚨有濕潤的作用，減少空氣中的細菌和灰塵的吸入，這樣會使鍛鍊者有一個較好的運動呼吸的狀態。尤其是在夏天，在雨中跑步比在高溫下跑步要舒服得多。而且還可以防止中暑。在雨天跑步的時候，最好戴一個有帽沿的帽子，這樣雨水不易直接流入眼中，以保持良好的視線。在運動著裝上，可以穿一件薄的防雨運動裝。另外，雨水對戴眼鏡的鍛鍊者的視野有妨礙作用，所以，應注意跑的姿勢和身體的重心以防摔倒，選擇安全的跑步路線。

跑完之後，不要馬上做整理運動，立即洗個澡，然後把淋濕的頭髮儘可能地擦乾或用電吹風吹乾。再補充一些水分。請記住：**不是跑步被雨淋會感冒，而是跑後沒有很好地使身體保持乾燥才會感冒。**

跑步時戴隨身聽好不好？

在美國經常能看到戴隨身聽的跑步愛好者。但我個人認為跑步時帶隨身聽並不是一個好的方法。因為一邊聽音樂一邊跑步，很容易分散注意力。尤其在車多、人多的地方跑步的時候，更應該考慮安全性。

戴上耳機，不容易聽到行人的說話和車喇叭的聲音。往往會因為聽音樂，來不及躲避行人、自行車甚至汽車等障礙物而產生碰撞，甚至導致受傷。

跑步時該不該戴眼鏡？

到目前為止，還沒有戴隱型眼鏡或眼鏡對跑步有不良影響的科學報導。基本原則是，在跑步時應保持最好的視野狀態，尤其是在公路上和野外跑時，更要注意自身的安全性。

工作學習之餘，如果眼睛感到疲勞的話，環境許可的情況下，可以到戶外慢跑一會兒，這對眼睛的疲勞恢復和防止近視眼有很大的幫助。

跑步時戴墨鏡好嗎？

經常在看電視轉播的時候，發現有許多長跑選手喜歡戴特殊的墨鏡，看上去很帥很靚。其實這並不只是為了美觀，而是有科學根據的。跑步時戴墨鏡是一種很好

的防暑熱的方法。

太陽眼鏡本身的效應就是遮住強烈的光線。所以，在長跑比賽當中，尤其是在炎熱的夏天，利用太陽鏡遮住對眼睛直射的陽光，可以在心理上延緩對暑熱的厭惡情緒。同時，太陽眼鏡也可以使長跑者集中精力跑步。太陽眼鏡在高水準比賽當中被廣泛使用，廣大的跑步愛好者也不妨在平時鍛鍊的時候一試。

喝咖啡有助於提高鍛鍊質量嗎？

記得在上中學的時候，學校的體育老師經常說參加鍛鍊前多吃巧克力，能增加體能。有些人則是跑步鍛鍊以前，喝杯咖啡能提高耐力。這兩個例子是暗指巧克力和咖啡裡面含有咖啡因，它能使人體興奮，所以能提高體能。

那麼，從科學的角度來分析究竟是不是這樣呢？根據南非長跑學家諾庫斯二〇〇二年的研究證明，適當的咖啡因攝取確實能提高運動員的體能，延緩疲勞出現的時間。加拿大的學者格瑞哈姆的研究小組的研究證明，每公斤體重適當攝取三～六mg，能夠延緩運動員的疲勞的出現。但是，如果每公斤體重攝取十三mg的咖啡因，

並不會增加延緩疲勞的時間，反而會引起頭疼、失眠、心悸等副作用。

一杯咖啡含有五十～一百mg的咖啡因，一杯泡好的茶含有三十～六十ｍｇ的咖啡因，一罐可樂含有五十mg的咖啡因。但是，諾庫斯的研究證明，因為咖啡中含有其他的化學物質，所以，破壞了咖啡因的功能。

因此，大量飲用咖啡並不能有助於提高鍛鍊質量。

有必要寫鍛鍊日記嗎？

乍一聽來，寫鍛鍊日記，很麻煩嘛。很多人會說：「每天跑一跑不就行了嘛，寫什麼日記，有什麼可寫的。」

寫日記對於多年參加鍛鍊的人來講是非常有用的。由寫跑步日記，記錄下鍛鍊的場所、時間、運動內容、身體狀況、跑前的狀態、賽後的身體情況，這些珍貴的資料對掌握合理的運動量、身體狀況的檢查有著很大的幫助作用。而記錄跑步鍛鍊的歷史，也是寶貴的人生資料的一部分呀。

多長時間更新跑鞋？

經常看到有很多跑步愛好者的運動鞋磨損狀態很嚴重。主要體現在鞋底和鞋後部的內側的磨損最嚴重。運動鞋的磨損狀態的程度大小，對於跑者的膝關節和踝關節有著很大的影響。所以，經常保持運動鞋的良好狀態至關重要。

那麼，究竟運動鞋穿多久應該更換呢？還沒有具體的數據指導跑步愛好者更新運動鞋的時間。這是由於跑者的體重、跑速、跑的場所、運動鞋的性能、磨損程度都不一樣。但是，根據日本長跑學家有吉正博的推斷，以每天跑五公里計算的話，六～七個月就要換新運動鞋。所以單純推斷的話，每週跑三次，每次跑五公里，每一年就要換一次新的運動鞋。

光著上身跑真的要比穿著衣服涼快嗎？

在夏天的時候，我們經常可以看到有許多人在室外跑步、打籃球、踢足球的時

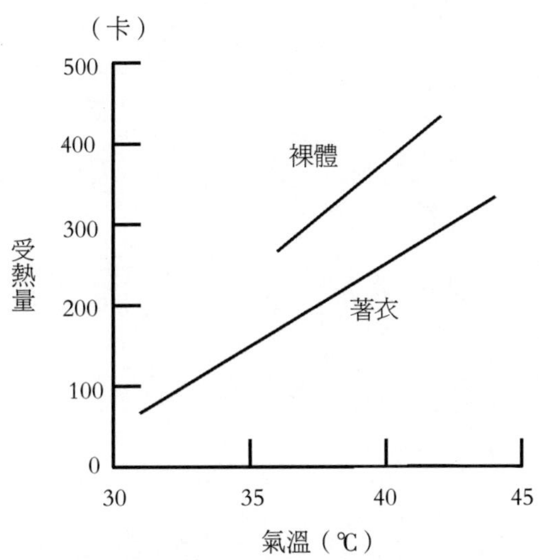

圖 27　著衣時和裸體時受熱量的比較（引自日本體育協會）

候喜歡光著膀子鍛鍊。光著膀子真的涼快嗎？答案是否定的。

在太陽光強的日光下鍛鍊，運動著裝有著吸收和阻擋輻射熱對身體的照射。

由圖27我們可以發現裸體時和著衣的時候身體受熱的比較。所以，著裝起著對輻射熱的調節作用。這也就解釋了為什麼在中東的沙漠，人們從頭到腳用白衣服包裹著身體的原因。

附錄

減肥計劃

六個月減肥計劃的效果（有吉正博，1995）

参加者		體　重 (kg)	體脂肪率 (%)	除去脂肪的體重(kg)	最大吸氧量 (ml/kg.min)
O女士	鍛鍊前	70.9	35.6	45.7	26.8
	鍛鍊後	59.9(−16%)	22.6(−13.0%)	46.5(+0.8kg)	31.1(+16%)
K女士	鍛鍊前	76.4	27.3	55.5	30.5
	鍛鍊後	67.0(−12%)	16.7(−10.6%)	56.6(+1.1kg)	38.5(+26%)
S女士	鍛鍊前	54.4	28.2	39.0	31.1
	鍛鍊後	51.0(−6.0%)	19.0(−9.2%)	41.3(+2.3kg)	32.2(+4.0%)
I女士	鍛鍊前	50.8	22.5	39.3	27.0
	鍛鍊後	42.7(−16%)	9.8(12.7%)	38.5(−0.8kg)	43.3(+60%)
T女士	鍛鍊前	56.3	22.3	43.7	33.8
	鍛鍊後	46.3(−18%)	13.3(−9.0%)	42.3(−1.5kg)	38.2(+13%)
N女士	鍛鍊前	61.9	20.7	49.1	31.2
	鍛鍊後	57.0(−8.0%)	15.5(−5.2%)	48.2(−0.9kg)	34.7(+11%)
Y女士	鍛鍊前	57.2	20.1	45.7	35.1
	鍛鍊後	50.6(−12%)	12.2(−7.9%)	44.4(−1.3kg)	42.5(+21%)

下表是Ｉ女士的四個星期的鍛鍊日記。我們不難看出，持之以恒才是減肥的訣竅。

日 期	鍛鍊時間	鍛鍊內容	鍛鍊開始時間、場所、身體狀態
5月4日		因爲外出休息 6400 步	
5月5日	40分鐘	慢跑 11750 步	早上 6:45 分，附近的公園
5月6日		因爲外出休息 2500 步	本來想早起跑步，沒想到兒子先起床了，今天只好休息了
5月7日	60分鐘	慢跑 14300 步	早上 7:00
5月8日	40分鐘	慢跑 13250 步	早上 7:00，家附近公園
5月9日	40分鐘	慢跑 9150 步	早上 7:00，家附近公園
5月10日	40分鐘	慢跑 12500 步	早上 6:20 分，河邊
5月11日	40分鐘 30分鐘	慢跑 11000 步 慢跑 21500 步	早上 8:00 下午 3:20
5月12日		慢跑 4150 步	昨天有點兒疲勞，今天要好好休息
5月13日	35分鐘	慢跑 18200 步	早上 7:15 分，家附近公園
5月14日		因爲下雨休息 4500 步	
5月15日	40分鐘	慢跑 14700 步	早上 6:50 分，家附近公園
5月16日	40分鐘	慢跑 11500 步	早上 7:20 分，家附近公園
5月17日	40分鐘	慢跑 14200 步	早上 7:20 分，家附近公園
5月18日	1小時 45 分鐘	慢跑 23200 步	下午 2:17 分，今天身體感覺不錯
5月19日		休息 4550 步	
5月20日		因爲下雨休息 4850 步	
5月21日	30分鐘	慢跑 13750 步	早上 7:00
5月22日	40分鐘	慢跑 16150 步	早上 6:50 分，家附近公園
5月23日	40分鐘	慢跑 15800 步	早上 7:00 分，家附近公園
5月24日		因爲下雨休息 2100 步	
5月25日		因爲下雨休息 3250 步	
5月26日		因爲下雨休息 6000 步	
5月27日	40分鐘	慢跑 16800 步	早上 7:10 分，家附近公園
5月28日	40分鐘	慢跑 17650 步	早上 6:50 分，家附近公園
5月29日		因爲下雨休息 4650 步	
5月30日	40分鐘	慢跑 15300 步	早上 6:50 分，家附近公園
5月31日	40分鐘	慢跑 13750 步	早上 6:50 分，在家附近

精神疲勞評估表

	從來沒有 1分	很少 2分	有時候 3分	經常 4分	總是有 5分
1. 我感到很累缺少能量					
2. 我不能長時間坐下和集中精力					
3. 我在晚上有失眠的現象					
4. 我感到胸悶和氣短					
5. 我便秘或拉肚子					
6. 我感到緊張，出汗或發抖的厲害					
7. 我感到不舒服，肌肉痛，尤其是後背，脖子和肩膀痛					
8. 我感到頭痛 9. 我吸煙或者喝酒 10. 我的體重突然增加或減少了 10 磅					
您的總分					

分數評估

10～20 分

這個分數段顯示您僅有很低的精神壓力水準。您處理精神壓力的能力很好。雖然現在的精神壓力不會對您的健康產生危害，但是您還是要注意。

20～30分

這個分數段顯示精神壓力也許已經開始影響您的健康了。也許應該馬上著手準備對付精神壓力的方法。

30～40分

這個分數段顯示精神壓力已經開始影響您的健康了。您最好去看一看醫生。

40～50分

這個分數段顯示您現在已經處於與精神壓力有關聯的疾病了。您要馬上去看醫生。

健康評估表

為了了解和掌握您的健康狀況，制定出最適合您的健康計劃，下面請您回答8個與您平時體育鍛鍊的情況和您個人健康的狀況有關的問題。

1. 您利用健康俱樂部的目的是什麼？

a. 解消運動不足　b. 想減肥（______公斤）
c. 增強體力　d. 想增加體重（______公斤）
e. 為了健康　f. 為了增加肌肉塊
g. 僅僅是喜歡體育運動　h. 其他

2.您有體育運動的習慣嗎？

a. 沒有
b. 以前有（什麼時候______什麼樣的體育運動______）
c. 現在有（什麼樣的體育運動______）每週______次，每次______分鐘

3.您有力量鍛鍊的經驗嗎？

a. 沒有
b. 有（場所______，______年______月開始）
現在也在做力量鍛鍊嗎？　是　不是

4.最近有過健康檢查嗎？

a. 沒有
b. 有（沒有異常，有異常　注意事項______）

5.現在有疾病或傷病嗎？

a. 沒有

b. 有（心臟病／肝炎／腎病／糖尿病／高血壓／高血脂／哮喘／腰痛／膝關節痛／肩痛／其他＿＿＿＿＿＿＿）

6.您過去有嚴重的疾病或受傷的經歷嗎？

a. 沒有

b. 有（病名＿＿＿＿＿：　痊癒　沒有痊癒）

（病名＿＿＿＿＿：　痊癒　沒有痊癒）

7.現在有醫生說需要注意的事項嗎？

a. 沒有

b. 有（注意事項＿＿＿＿＿＿＿＿＿＿＿＿＿）

8.現在在服藥嗎？

a. 沒有

b. 有（什麼時候開始？＿＿＿年＿＿＿月／注意事項＿＿＿＿＿＿＿＿＿＿＿＿）

參考文獻

1. 有吉正博.10 公里馬拉松訓練手冊.東京：木世出版，1997

2. 有吉正博.快跑術.東京.日本實業出版社，1995

3. 波多野義郎.走.東京：Spike Company,1997

4. Chave, S. P., Morris, J. N, Moss, S, Semmence, A. M. Vig-orous exercise in leisure time and the death rate： A study of male civil servants. Journal of Epidemiology and Community Health. 1978, 32, 239–43.

5. Krucoff, C. HowMuchExerciseIsEnough？ Ex–perts Recom-mend Moderate Activity for Inac–tive People; [FINAL Edition]. Washington： The Washington Post(Pre–1997 Fulltext), p. Z. 16, Jun13, 1995.

6. Morris, J.N., Everitt, M.G., Pllard, R., Chave, S.P., & Sem-mence, A.M. Vigorous exercise in leisure time： Protection against coronary heart dis–ease. Lance2 , 1980, 1207–10.

7. Morris, J.N., Heady, J.A., Raffle, P.A., Roberts. C.G., & Parks, J. W. Coronary heart disease and physical activity of work. Lance2 , 1953, 1056–57.

8. Noakes, T. Lore of Running . Champaign IL (U.S.A)：Hu-man Kinetics, 2002

9. Oguma, Y. Physical activity and all cause mor–tality in wom-en： A review of the evidence. British Journal of Sports Medicine, 2002, 36 (3), 162.

10. Paffenbarger, R. S. J. Physical activity and fit–ness for health and longevity. Research Quar–terly for Exercise and Sport, 1996, 67 (3), S11.

11. Passmore, R., Durnin, J.V. Human. Energy expen–diture. Physiological Reviews . 1955, 35, 801–36.

12. Pugh, L.G. Muscular exercise on Mount Everest. Journal of Physiology ,1955, 141, 233–61.

13. Shephard, R.J. Endurance fitness . Toronto： Uni–versity of Toronto Publishing. 1977.

14. Steven, E.D. Effect of the weight of athletic clothing in dis–tance running by amateur ath–letes. Journal of Sports Medicine and physical Fitness . 1983, 23, 185–90.

15. Taylor, H.L., Buskirk, E., & Henschel, A. maximal oxygen intake as an objective measure of car–dio–respiratory performance. Journal of Ap–plied Physiology .1955, 8, 73–80.

16. Williams, K. R. The relationship between mechan–ical and physiological energy estimates. Medicine and Science in Sports and Exercise. 1985, 17, 317–25.

17. Williams, K.R. Relationships between distance running viomechanics and tunning economy. Un P.R. Cavanagh (Ed.), Biomechanics Of Distance Running . Champaign, IL(U.S.A).Human Kinetics. 272–305.

大展出版社有限公司
品冠文化出版社

圖書目錄

地址：台北市北投區(石牌)
致遠一路二段 12 巷 1 號
郵撥：01669551<大展>
19346241<品冠>

電話：(02) 28236031
28236033
28233123
傳真：(02) 28272069

・熱門新知・品冠編號 67

1. 圖解基因與 DNA （精） 中原英臣主編 230 元
2. 圖解人體的神奇 （精） 米山公啟主編 230 元
3. 圖解腦與心的構造 （精） 永田和哉主編 230 元
4. 圖解科學的神奇 （精） 鳥海光弘主編 230 元
5. 圖解數學的神奇 （精） 柳 谷 晃著 250 元
6. 圖解基因操作 （精） 海老原充主編 230 元
7. 圖解後基因組 （精） 才園哲人著 230 元
8. 圖解再生醫療的構造與未來 才園哲人著 230 元
9. 圖解保護身體的免疫構造 才園哲人著 230 元
10. 90 分鐘了解尖端技術的結構 志村幸雄著 280 元

・名人選輯・品冠編號 671

1. 佛洛伊德 傅陽主編 200 元
2. 莎士比亞 傅陽主編 200 元
3. 蘇格拉底 傅陽主編 200 元
4. 盧梭 傅陽主編 200 元

・圍棋輕鬆學・品冠編號 68

1. 圍棋六日通 李曉佳編著 160 元
2. 布局的對策 吳玉林等編著 250 元
3. 定石的運用 吳玉林等編著 280 元
4. 死活的要點 吳玉林等編著 250 元

・象棋輕鬆學・品冠編號 69

1. 象棋開局精要 方長勤審校 280 元
2. 象棋中局薈萃 言穆江著 280 元

・生活廣場・品冠編號 61

1. 366 天誕生星 李芳黛譯 280 元

2. 366 天誕生花與誕生石 李芳黛譯 280 元
3. 科學命相 淺野八郎著 220 元
4. 已知的他界科學 陳蒼杰譯 220 元
5. 開拓未來的他界科學 陳蒼杰譯 220 元
6. 世紀末變態心理犯罪檔案 沈永嘉譯 240 元
7. 366 天開運年鑑 林廷宇編著 230 元
8. 色彩學與你 野村順一著 230 元
9. 科學手相 淺野八郎著 230 元
10. 你也能成為戀愛高手 柯富陽編著 220 元
11. 血型與十二星座 許淑瑛編著 230 元
12. 動物測驗—人性現形 淺野八郎著 200 元
13. 愛情、幸福完全自測 淺野八郎著 200 元
14. 輕鬆攻佔女性 趙奕世編著 230 元
15. 解讀命運密碼 郭宗德著 200 元
16. 由客家了解亞洲 高木桂藏著 220 元

・女醫師系列・品冠編號 62

1. 子宮內膜症 國府田清子著 200 元
2. 子宮肌瘤 黑島淳子著 200 元
3. 上班女性的壓力症候群 池下育子著 200 元
4. 漏尿、尿失禁 中田真木著 200 元
5. 高齡生產 大鷹美子著 200 元
6. 子宮癌 上坊敏子著 200 元
7. 避孕 早乙女智子著 200 元
8. 不孕症 中村春根著 200 元
9. 生理痛與生理不順 堀口雅子著 200 元
10. 更年期 野末悅子著 200 元

・傳統民俗療法・品冠編號 63

1. 神奇刀療法 潘文雄著 200 元
2. 神奇拍打療法 安在峰著 200 元
3. 神奇拔罐療法 安在峰著 200 元
4. 神奇艾灸療法 安在峰著 200 元
5. 神奇貼敷療法 安在峰著 200 元
6. 神奇薰洗療法 安在峰著 200 元
7. 神奇耳穴療法 安在峰著 200 元
8. 神奇指針療法 安在峰著 200 元
9. 神奇藥酒療法 安在峰著 200 元
10. 神奇藥茶療法 安在峰著 200 元
11. 神奇推拿療法 張貴荷著 200 元
12. 神奇止痛療法 漆 浩 著 200 元
13. 神奇天然藥食物療法 李琳編著 200 元

14. 神奇新穴療法　吳德華編著　200 元
15. 神奇小針刀療法　韋丹主編　200 元

・常見病藥膳調養叢書・品冠編號 631

1. 脂肪肝四季飲食　蕭守貴著　200 元
2. 高血壓四季飲食　秦玖剛著　200 元
3. 慢性腎炎四季飲食　魏從強著　200 元
4. 高脂血症四季飲食　薛輝著　200 元
5. 慢性胃炎四季飲食　馬秉祥著　200 元
6. 糖尿病四季飲食　王耀獻著　200 元
7. 癌症四季飲食　李忠著　200 元
8. 痛風四季飲食　魯焰主編　200 元
9. 肝炎四季飲食　王虹等著　200 元
10. 肥胖症四季飲食　李偉等著　200 元
11. 膽囊炎、膽石症四季飲食　謝春娥著　200 元

・彩色圖解保健・品冠編號 64

1. 瘦身　主婦之友社　300 元
2. 腰痛　主婦之友社　300 元
3. 肩膀痠痛　主婦之友社　300 元
4. 腰、膝、腳的疼痛　主婦之友社　300 元
5. 壓力、精神疲勞　主婦之友社　300 元
6. 眼睛疲勞、視力減退　主婦之友社　300 元

・休閒保健叢書・品冠編號 641

1. 瘦身保健按摩術　聞慶漢主編　200 元
2. 顏面美容保健按摩術　聞慶漢主編　200 元
3. 足部保健按摩術　聞慶漢主編　200 元
4. 養生保健按摩術　聞慶漢主編　280 元

・心 想 事 成・品冠編號 65

1. 魔法愛情點心　結城莫拉著　120 元
2. 可愛手工飾品　結城莫拉著　120 元
3. 可愛打扮 & 髮型　結城莫拉著　120 元
4. 撲克牌算命　結城莫拉著　120 元

・少 年 偵 探・品冠編號 66

1. 怪盜二十面相　（精）　江戶川亂步著　特價 189 元
2. 少年偵探團　（精）　江戶川亂步著　特價 189 元

3. 妖怪博士	（精）	江戶川亂步著	特價 189 元
4. 大金塊	（精）	江戶川亂步著	特價 230 元
5. 青銅魔人	（精）	江戶川亂步著	特價 230 元
6. 地底魔術王	（精）	江戶川亂步著	特價 230 元
7. 透明怪人	（精）	江戶川亂步著	特價 230 元
8. 怪人四十面相	（精）	江戶川亂步著	特價 230 元
9. 宇宙怪人	（精）	江戶川亂步著	特價 230 元
10. 恐怖的鐵塔王國	（精）	江戶川亂步著	特價 230 元
11. 灰色巨人	（精）	江戶川亂步著	特價 230 元
12. 海底魔術師	（精）	江戶川亂步著	特價 230 元
13. 黃金豹	（精）	江戶川亂步著	特價 230 元
14. 魔法博士	（精）	江戶川亂步著	特價 230 元
15. 馬戲怪人	（精）	江戶川亂步著	特價 230 元
16. 魔人銅鑼	（精）	江戶川亂步著	特價 230 元
17. 魔法人偶	（精）	江戶川亂步著	特價 230 元
18. 奇面城的秘密	（精）	江戶川亂步著	特價 230 元
19. 夜光人	（精）	江戶川亂步著	特價 230 元
20. 塔上的魔術師	（精）	江戶川亂步著	特價 230 元
21. 鐵人Q	（精）	江戶川亂步著	特價 230 元
22. 假面恐怖王	（精）	江戶川亂步著	特價 230 元
23. 電人M	（精）	江戶川亂步著	特價 230 元
24. 二十面相的詛咒	（精）	江戶川亂步著	特價 230 元
25. 飛天二十面相	（精）	江戶川亂步著	特價 230 元
26. 黃金怪獸	（精）	江戶川亂步著	特價 230 元

・武 術 特 輯・大展編號 10

1. 陳式太極拳入門	馮志強編著	180 元
2. 武式太極拳	郝少如編著	200 元
3. 中國跆拳道實戰 100 例	岳維傳著	220 元
4. 教門長拳	蕭京凌編著	150 元
5. 跆拳道	蕭京凌編譯	180 元
6. 正傳合氣道	程曉鈴譯	200 元
7. 實用雙節棍	吳志勇編著	200 元
8. 格鬥空手道	鄭旭旭編著	200 元
9. 實用跆拳道	陳國榮編著	200 元
10. 武術初學指南	李文英、解守德編著	250 元
11. 泰國拳	陳國榮著	180 元
12. 中國式摔跤	黃　斌編著	180 元
13. 太極劍入門	李德印編著	180 元
14. 太極拳運動	運動司編	250 元
15. 太極拳譜	清・王宗岳等著	280 元
16. 散手初學	冷　峰編著	200 元
17. 南拳	朱瑞琪編著	180 元

18. 吳式太極劍　王培生著　200 元
19. 太極拳健身與技擊　王培生著　250 元
20. 秘傳武當八卦掌　狄兆龍著　250 元
21. 太極拳論譚　沈　壽著　250 元
22. 陳式太極拳技擊法　馬　虹著　250 元
23. 二十四式/三十二式太極拳/劍　闞桂香著　180 元
24. 楊式秘傳 129 式太極長拳　張楚全著　280 元
25. 楊式太極拳架詳解　林炳堯著　280 元
26. 華佗五禽劍　劉時榮著　180 元
27. 太極拳基礎講座：基本功與簡化 24 式　李德印著　250 元
28. 武式太極拳精華　薛乃印著　200 元
29. 陳式太極拳拳理闡微　馬　虹著　350 元
30. 陳式太極拳體用全書　馬　虹著　400 元
31. 張三豐太極拳　陳占奎著　200 元
32. 中國太極推手　張　山主編　300 元
33. 48 式太極拳入門　門惠豐編著　220 元
34. 太極拳奇人奇功　嚴翰秀編著　250 元
35. 心意門秘籍　李新民編著　220 元
36. 三才門乾坤戊己功　王培生編著　220 元
37. 武式太極劍精華＋VCD　薛乃印編著　350 元
38. 楊式太極拳　傅鐘文演述　200 元
39. 陳式太極拳、劍 36 式　闞桂香編著　250 元
40. 正宗武式太極拳　薛乃印著　220 元
41. 杜元化＜太極拳正宗＞考析　王海洲等著　300 元
42. ＜珍貴版＞陳式太極拳　沈家楨著　280 元
43. 24 式太極拳＋VCD　中國國家體育總局著　350 元
44. 太極推手絕技　安在峰編著　250 元
45. 孫祿堂武學錄　孫祿堂著　300 元
46. ＜珍貴本＞陳式太極拳精選　馮志強著　280 元
47. 武當趙堡太極拳小架　鄭悟清傳授　250 元
48. 太極拳習練知識問答　邱丕相主編　220 元
49. 八法拳　八法槍　武世俊著　220 元
50. 地趟拳＋VCD　張憲政著　350 元
51. 四十八式太極拳＋DVD　楊　靜演示　400 元
52. 三十二式太極劍＋VCD　楊　靜演示　300 元
53. 隨曲就伸　中國太極拳名家對話錄　余功保著　300 元
54. 陳式太極拳五功八法十三勢　闞桂香著　200 元
55. 六合螳螂拳　劉敬儒等著　280 元
56. 古本新探華佗五禽戲　劉時榮編著　180 元
57. 陳式太極拳養生功＋VCD　陳正雷著　350 元
58. 中國循經太極拳二十四式教程　李兆生著　300 元
59. ＜珍貴本＞太極拳研究　唐豪・顧留馨著　250 元
60. 武當三豐太極拳　劉嗣傳著　300 元
61. 楊式太極拳體用圖解　崔仲三編著　400 元

62. 太極十三刀 張耀忠編著 230 元
63. 和式太極拳譜＋VCD 和有祿編著 450 元
64. 太極內功養生術 關永年著 300 元
65. 養生太極推手 黃康輝編著 280 元
66. 太極推手祕傳 安在峰編著 300 元
67. 楊少侯太極拳用架真詮 李璉編著 280 元
68. 細說陰陽相濟的太極拳 林冠澄著 350 元
69. 太極內功解祕 祝大彤編著 280 元
70. 簡易太極拳健身功 王建華著 180 元
71. 楊氏太極拳真傳 趙斌等著 380 元
72. 李子鳴傳梁式直趟八卦六十四散手掌 張全亮編著 200 元
73. 炮捶 陳式太極拳第二路 顧留馨著 330 元
74. 太極推手技擊傳真 王鳳鳴編著 300 元
75. 傳統五十八式太極劍 張楚全編著 200 元
76. 新編太極拳對練 曾乃梁編著 280 元
77. 意拳拳學 王薌齋創始 280 元
78. 心意拳練功竅要 馬琳璋著 300 元
79. 形意拳搏擊的理與法 買正虎編著 300 元
80. 拳道功法學 李玉柱編著 300 元
81. 精編陳式太極拳拳劍刀 武世俊編著 300 元
82. 現代散打 梁亞東編著 200 元
83. 形意拳械精解（上） 邸國勇編著 480 元
84. 形意拳械精解（下） 邸國勇編著 480 元
85. 楊式太極拳詮釋【理論篇】 王志遠編著 200 元
86. 楊式太極拳詮釋【練習篇】 王志遠編著 280 元
87. 中國當代太極拳精論集 余功保主編 500 元
88. 八極拳運動全書 安在峰編著 480 元
89. 陳氏太極長拳 108 式＋VCD 王振華著 350 元

・彩色圖解太極武術・大展編號 102

1. 太極功夫扇 李德印編著 220 元
2. 武當太極劍 李德印編著 220 元
3. 楊式太極劍 李德印編著 220 元
4. 楊式太極刀 王志遠著 220 元
5. 二十四式太極拳(楊式)＋VCD 李德印編著 350 元
6. 三十二式太極劍(楊式)＋VCD 李德印編著 350 元
7. 四十二式太極劍＋VCD 李德印編著 350 元
8. 四十二式太極拳＋VCD 李德印編著 350 元
9. 16 式太極拳 18 式太極劍＋VCD 崔仲三著 350 元
10. 楊氏 28 式太極拳＋VCD 趙幼斌著 350 元
11. 楊式太極拳 40 式＋VCD 宗維潔編著 350 元
12. 陳式太極拳 56 式＋VCD 黃康輝等著 350 元
13. 吳式太極拳 45 式＋VCD 宗維潔編著 350 元

國家圖書館出版品預行編目資料

健身跑—激發身體的潛能／董二為、有吉正博著
－初版－臺北市，大展，2005 年〔民 94〕
面；21 公分－（快樂健美站；15）
ISBN 978-957-468-369-7（平裝）
1. 賽跑 2. 運動與健康
528.946　　94001307

健身跑—激發身體的潛能

ISBN-13:978-957-468-369-7
ISBN-10:957-468-369-9

著　　者／董 二 為　有吉正博
責任編輯／盧　　靜
發 行 人／蔡 森 明
出 版 者／大展出版社有限公司
社　　址／台北市北投區（石牌）致遠一路 2 段 12 巷 1 號
電　　話／(02) 28236031・28236033・28233123
傳　　真／(02) 28272069
郵政劃撥／01669551
網　　址／www.dah-jaan.com.tw
E-mail／service@dah-jaan.com.tw
登 記 證／局版臺業字第 2171 號
承 印 者／高星印刷品行
裝　　訂／建鑫印刷裝訂有限公司
排 版 者／弘益電腦排版有限公司
初版1刷／2005 年（民 94 年） 4 月
初版2刷／2007 年（民 96 年） 3 月　　定價 / 200 元